1990

# DAS PASSIONSSPIEL
# DER GEMEINDE
# OBERAMMERGAU


# THE PASSION PLAY
# OF THE COMMUNITY
# OF OBERAMMERGAU


Spielleitung Christian Stückl

Photographiert von Thomas Klinger

*In der Pestnot 1633 wurde der Überliefe-
rung nach vor diesem gotischen Kreuz, das
sich heute im Kreuzaltar der Pfarrkirche
befindet, das Passionsspiel gelobt.*

*According to tradition, during the plague
in 1633 the vow to perform the Passion
Play was made before this Gothic cross
now above a side altar of the Parish church.*

Das Oberammergauer Passions-Orchester
mit den Dirigenten Markus Zwink, Tosso
Troll und Ernst Hoffmann (rechts)

The Oberammergau Passion Play Orchestra with conductors Markus Zwink, Tosso
Troll and Ernst Hoffmann (right).

# Die Erlösung spielen

Die Passion 1990 ist in der mehr als 350jährigen Geschichte der Oberammergauer Passionsspiele das 39. Aufführungsjahr. Am Anfang steht das Gelübde in der Pest des Jahres 1633, von dem die Chronik berichtet: „... in diesem Leydwesen sind die Gemeinds-Leuthe Sechs und Zwölf zusammengekommen und haben die Passions-Tragödie alle 10 Jahre zu halten Verlobet, und von dieser Zeit an ist kein einziger Mensch mehr gestorben." 1634 wurde - auf dem Friedhof - die Passion zum ersten Mal aufgeführt, und in der Folgezeit geschah dies alle 10 Jahre. Zweimal entfielen die Spiele, 1770 und 1940, doch wurden dreimal zusätzliche eingeschoben: 1815 als Ausdruck des Dankes für das Ende der Napoleonischen Kriege und 1934 sowie 1984 aus Anlaß des 300. bzw. 350. Jubiläums.
Nach bescheidenen Anfängen - bis 1710 gab es jeweils nur eine, bis 1760 zwei Aufführungen pro Spieljahr - hat das Oberammergauer Passionsspiel eine unvorhersehbare Entwicklung erlebt. Erstaunlich ist dabei die einmalige Kontinuität, darüber hinaus aber auch die Ausstrahlungskraft, die ihm im Lauf seiner Geschichte zugewachsen ist. Allein in diesem Jahrhundert kamen mehr als vier Millionen Zuschauer, und schon im vergangenen Jahrhundert waren es in manchen Passionsjahren trotz der beschwerlichen Reisebedingungen über 100 000.

Wie in anderen Lebensbereichen gilt allerdings auch beim Passionsspiel, daß die Tatsache, etwas schon einmal gemacht zu haben, zwar Zuversicht für die erneute Wiederholung geben kann, daß diese aber nicht von vorneherein leichter fällt. Das Passionsspiel ist ja nicht eine Ikone oder ein Museumsstück, das als solches ohne Bezug auf die Gegenwart weitergegeben werden könnte, vielmehr muß es immer wieder neu entstehen. Die Melodie, die hier zu spielen ist, kann nur auf den Saiten des eigenen Lebens zum Klingen gebracht werden - die Passion lebt nur, wenn die Mitwirkenden sie durch die eigene Person hindurch zum Leben erwecken.
Dazu gehört ganz praktisch schon die jeweilige Bereitschaft der Oberammergauer, sich an dem Spiel zu beteiligen. So wirken 1990 ca. 1950 der insgesamt 5082 Einwohner mit, 1530 Erwachsene und 420 Kinder. Sie teilen sich in die vielfältigen Aufgaben, die mit den 98 Aufführungen von jeweils etwa fünfeinhalb Stunden Dauer verbunden sind. Etwa 1700 Mitwirkende agieren (in wechselnden Gruppierungen) als Darsteller auf der Bühne, mehr als 120 in Sprechrollen, wobei 18 Hauptrollen doppelt besetzt sind. 83 Instrumentalisten und 82 Sängerinnen und Sänger gestalten die 20 Musikteile. 60 weitere Beteiligte weisen den 4700 Zuschauern pro Aufführung die Plätze zu, 40 arbeiten in den Bereichen Dekoration und Technik, und viele andere wirken im Hintergrund, z.B. die Näherinnen, die die Kostüme schneidern, die Garderobièren usw.
Alle Beteiligten sind Laien, die außerhalb des Spiels normalen Berufen

# To play the Redemption

The history of the Oberammergau Passion Play dates back more than 350 years. 1990 is the 39th performance year. It began with the vow during the plague in 1633, of which the Chronicle reports: "... in this time of suffering the village councils of the Six and Twelve met and vowed to perform the Passion Play every 10 years, and from this time on not a single person more died." The Passion was performed for the first time in 1634 in the graveyard and since then it has been given every 10 years. On two occasions there were no performances, in 1770 and 1970, but there have been three additional performances over the years, in 1815 to give thanks for the end of the Napoleonic Wars, and again in 1934 and 1984 to celebrate the 300th and 350th anniversaries.
After modest beginnings, up to 1710 there was only one performance in the years when the play was given and up to 1760 two performances, the Oberammergau Passion Play has developed in a way which was totally unforeeble. What is surprising about it is not only its unique continuity, but also the aura which it has acquired in the course of its history. In this century alone there have been more than four million spectators, and in the last century there were over 100,000 several years in spite of difficult travelling conditions. In addition the Oberammergau Passion Play has been taken as a model several times. In the 18th century Father Ferdinand Rosner's "Passio nova" was adopted in several places in Bavaria and Austria, as was the Passion Text of Father Othmar Weis in the 19th century. Finally, in the 20th century, Passion Plays on the Oberammergau model have been performed in North and South America.

As in other areas of life, the fact that something has been done once may create confidence that it can be done again, but it does not mean that repetition will automatically be easier. This applies equally to the Passion Play, which is not an icon or museum piece which could be reproduced as such without relation to the present. On the contrary, it must always be created afresh. To put it metaphorically, the melody which has to be played here can be made to sound only on the strings of a person's own life. The Passion can only live if the participants bring it to life through their own individuality.
In addition this means that the people of Oberammergau must be willing to take part in the Play. In 1990, for example, approximately 1950 of the total of 5082 inhabitants are taking parts; 1530 adults and 420 children. They are sharing in the many different tasks which are involved in 98 performances each lasting about five and a half hours. There are about 1500 actors performing on the stage (in alternating groups), more than 120 in speaking parts and with two performers for each of the 18 leading roles. There are 20 musical sections performed by 83 instrumentalists and 82

nachgehen. Es sind alle Generationen dabei, von den Kindern bis zu den Senioren, von denen manche schon auf sieben oder acht Passionsjahre zurückblicken können. Dadurch, daß bei der gemeinsamen Aufgabe alle zusammenwirken, fördert das Passionsspiel auch das soziale Leben des Dorfes. Und es bringt - trotz aller Belastungen - für die Mitwirkenden noch mehr Erfreuliches mit sich: das Bewußtsein, bei einer großen Aufgabe dabeizusein, für manche auch eine Weitung des Lebens im Vergleich zum oft begrenzten Berufsalltag, das Erlebnis eines großen christlichen Festes, und nicht zuletzt vielfältige Kontakte mit den Besuchern.

Vorbedingung der jeweiligen Wiederentstehung des Spiels sind neben der Mitwirkungsbereitschaft vielfältige Vorbereitungen, die den Ort in jeder Hinsicht in Bewegung bringen. Es muß für die Unterbringung und Verpflegung der Besucher vorgesorgt werden, vor allem aber sind umfangreiche künstlerische Vorbereitungen notwendig. Dazu gehören die Wahl der Spieler, die Gestaltung des Bühnenbilds, der Kostüme, des Textes, die Einübung der instrumentalen, gesanglichen und sprachlichen Fähigkeiten und - ganz entscheidend - die Erarbeitung der Szenen in den Proben.

Viele Aufgaben obliegen dem Passionsspielkomitee. Sitz und Stimme haben darin neben den Gemeinderäten und dem Bürgermeister der katholische und der protestantische Ortsgeistliche, der Spielleiter und sechs von allen Mitwirkungsberechtigten aus ihren Reihen gewählte Personen. Dieses Gremium bestimmt die Rollenträger. Daß seine Entscheidungen und auch die Wahl des Spielleiters oft schmerzliche Prozesse darstellen, ergibt sich aus der nicht leichten und in Oberammergau nie leicht genommenen Aufgabe, einerseits der jahrhundertealten Tradition treu zu bleiben und andererseits die „alte" Geschichte der je neuen Zeit so zu vermitteln, daß die erlösende, befreiende Botschaft die Zuschauer erreicht.

So notwendig all diese Vorbereitungen sind, das Spiel bliebe „dröhnendes Erz", wenn es nicht auch einen Prozeß der geistigen Vorbereitung gäbe. Bevor das Spiel die Zuschauer ergreift, werden die Mitwirkenden selbst von ihm ergriffen. Ausgangsbasis ist die Verwurzelung der Gemeinde in einer langen christlichen Tradition, die vor allem in ihren barocken Ausprägungen wie der prächtigen, bilderreichen Pfarrkirche, den großen Orchestermessen oder dem Brauchtum des Kirchenjahres weiterwirkt, die aber auch als fast selbstverständlich scheinender Lebenshintergrund Mentalität und Verhaltensweisen prägt. Darüber hinaus stellt allein die Existenz des Passionsspiels eine Herausforderung dar, die als magnetischer Pol den Lebens-Kompaß der Oberammergauer ausrichtet. Ist die Frage einmal gestellt, welche Bedeutung Leben, Tod und Auferstehung des Mannes aus Nazareth für das eigene Leben haben, bieten auch der Alltag des 20. Jahrhunderts, das persönliche Schicksal und die Begegnungen mit den Mitmenschen viele Wege, dieser Frage und damit demjenigen,

singers. Another 60 participants show 4800 spectators to their seats at each performance. 40 more work on scenery and technical equipment, while many others work in the background, e. g. seamstresses who make the costumes, the dressing room attendants, etc.

All those taking part are amateurs who have normal occupations outside the Play. They include all generations, from children to senior citizens, many of whom can already look back over seven or eight performance years. The fact that everyone co-operates on a joint project means that the Passion Play has an important role in the social life of the village. In spite of all the inconvinience, it is outweighted by the positive aspects for the participants: the awareness of contributing to a great mission, for many of them a widening of their horizon by comparison with their often limited everyday occupation, the experience of a great Chistian celebration and, not least of all varied contacts with visitors from near and far.

Apart from the willingness of the inhabitants to take part, each revival of the Play entails considerable preparation which gives rise to activity of every kind in the village. Arrangements must be made in advance for the accommodation of visitors and catering, but above all a wide range of artistic preparation is necessary. This includes choosing the actors, designing scenery and costumes, arranging the text, training those with ability in playing instruments, singing and speaking and - most importantly - working out the scenes in rehearsal.

The Passion Play Committee has many different tasks. The Committee consists of the village council, the Mayor, the local Catholic and Protestant pastors, the play director and six individuals elected by all those who have the right to participate in the Play. This body in turn elects all those with roles in the Play. Painful decisions often have to be made, and these include choosing the play director. Also the task of remaining faithful to the centuries-old tradition on the one hand, and of showing the "old" story to each new age in such a way that the message reaches the audience, is a task which is not easy and has never been taken lightly in Oberammergau.

Necessary though all these preparations are, the Play would be only "sounding brass" if there were not also a process of spiritual preparation. Before the Play involves the audience, those taking part are themselves involved. The starting point is the fact that the community has a deeply rooted Christian tradition. This tradition forms the people through the splendid baroque frescoes and decorations in the parish church, the great orchestral masses and the customs of the church year. It also forms the background for people's lives and shapes their mentality and their behavior. In addition the mere existence of the Passion Play represents a challenge which, like a magnetic pole, brings into alignment the compass of Oberammergau's life. If the question were to be asked, what is the

Die Darstellungsweise des Passionsspiels war an der traditionellen kirchlichen Bilderwelt orientiert. Dies zeigt z.B. ein Vergleich der Kreuzabnahme-Szene von 1900 mit der Gestaltung des gleichen Motivs durch den Oberammergauer Maler Franz Seraph Zwink (1748-1792) im Deckenfresko der Wallfahrtskirche Hl. Blut.

Performance of the Passion Play was guided by traditional church paintings. This is shown, for example, by a comparison of the 1900 scene of the Descent from the Cross with the picture of the same subject by the Oberammergau painter F. S. Zwink (1748-92) in the ceiling fresco of the Pilgrimage Church of the Holy Blood.

dem dieses Fragen gilt, nachzugehen. Hinzu kamen für die Passion 1990 besondere Vorbereitungen: theologische Vorträge, Einkehrtage und eine Wallfahrt der Pfarrei, außerdem für etwa 70 Mitwirkende eine Reise zu den Wirkungsstätten Jesu in Israel, die besonders durch die Leitung Prof. P. Wolfgang Fenebergs SJ zu einem geistigen Ereignis wurde und zudem viele Kontakte und Gespräche mit Juden ermöglichte. Geistige Vorbereitung geschieht aber auch ganz wesentlich bei den Proben und bei dem Sich-vertraut-Machen mit einer Rolle, wenn die eigene Existenz und das Lebens- und Glaubensmuster der zu spielenden Figur in innere Berührung gebracht werden. Als Beitrag zur Vorbereitung dürfen schließlich die musischen Formen der Einstimmung nicht vergessen werden - u.a. gestalterische Arbeiten zur Passionsthematik von Kindern und Bildhauern des Ortes, Theaterspiele, Aufführungen von Messen Haydns, Mozarts, Schuberts, Gounods -, führt doch der in Bildern, Gestalten und Musik sich inkarnierende Glaube manchmal weiter als das Wort allein.

Mit der Frage nach dem Sinn und der Aufgabe des Passionsspiels verbindet sich immer wieder die Rückfrage nach dem Ursprung des Spiels in der Pest des Jahres 1633. Warum wurde in einem Moment äußerster Lebensbedrohung gerade das Spielen der Passion Christi gelobt? Der historischen Forschung fällt die Antwort nicht leicht. Wie bei den Votivbildern dürfte es auch damals so gewesen sein, daß die Menschen sich in der Not in eine Vertrauensbeziehung zu Gott setzten, der sie aus Dankbarkeit bildhaften bzw. szenischen Ausdruck verleihen wollten. Freilich zeigen andere, Oberammergau vorausgehende Fälle, wo gleicherweise in der Angst vor einer Katastrophe Passionsspiele gelobt wurden, daß solche Gelöbnisse auch mit Vorstellungen verbunden waren, die uns heute fremd sind. So wurde jedes Unglück, auch die Pestepidemie, als Strafe Gottes für menschliche Sünden verstanden, und in der Angst vor solcher Bestrafung gewann der kirchlich nicht legitimierte Gedanke an Bedeutung, daß Jesus in seinem Leiden nicht nur die Sünden der Menschheit auf sich genommen, sondern auch die Sündenstrafen abgebüßt habe. Daher konnte die Passion Jesu unmittelbar als Schutz vor göttlicher Bestrafung der eigenen Sünden empfunden werden, und daher meinte man auch, Gott von „Strafaktionen" abhalten und selbst der befürchteten Katastrophe entkommen zu können, wenn man ihn an das Sühneopfer seines Sohnes durch dessen konkreten Nachvollzug erinnerte - also die Passion spielte.

Ob solche Gedankengänge von Einfluß waren und wie die Oberammergauer in der Pest dazu kamen, ein Passionsspiel zu geloben - wir können es nicht mit Sicherheit wissen. Fest steht, daß sie in ihrem Leiden im Blick auf das Leiden Jesu Hoffnung fanden. Fest steht auch nach den historischen Quellen, daß die Epidemie mit dem Gelübde abrupt endete. So konnte sich in den folgenden Jahrhunderten mit dem Passionsspiel immer das Gedächtnis einer Rettung der Dorfgemeinschaft aus äußerster Not

meaning of life, death and resurrection of the man from Nazareth for me, then the daily 20th century living, personal destiny and the encounter with one's fellows offers many ways to persue not only the question, but also Him who is the object of the question. In addition, there were special preparations for the 1990 Play; theological lectures, days of recollection and a parish pilgrimage. Further more a trip to Israel was made by about 70 participants to visit the places where Jesus lived and worked. This became a spiritual experience thanks particularly to the leadership of Professor Wolfgang Feneberg SJ, and provided an opportunity for many contacts and discussions with Jews. However, the most important spiritual preparation takes place during rehearsals, when the actor familiarizes himself with the role he is to play and internalizes the life and faith of the character he portrays. Finally, what should not be forgotten, is the psychological atuning to the Play by artistic forms. These include creative work by local children and sculptors on subjects from the Play, drama productions, performances of masses by Haydn, Mozart, Schubert and Gounod because, of course, faith which is made manifest in pictures, forms and music sometimes leads people further than words alone.

The question of the meaning and purpose of the Passion Play is consistantly associated with the question of its origin during the 1633 plague. Why was a vow made to specifically act out the suffering of Christ at a time when life was in extreme danger? Historical research has not found it easy to supply an answer. As with votive paintings which show the moment of danger simultaneously with the heavenly forces which save the victims, just as when people were in distress they developed a relationship of trust with God which afterwards they wanted to express pictorially or dramatically out of gratitude. Of course there are other cases before Oberammergau where, likewise in fear of a disaster, a vow was made to perform Passion Plays, which show that such vows arose from ideas which are strange to us today. In this way every misfortune, including the epidemic of the plague, was taken to be God's punishment for human sins and, in fear of such punishment, the idea grew that, in his suffering, Jesus had not only taken the sins of mankind on himself, but had also paid the penalty for sins, even though this idea was not approved by the Church. In this way the Passion of Jesus could be regarded as a direct protection against God's punishment for personal sins and therefore, it was thought, God could be restrained from "punitive action" and the feared disaster could even be averted if God were reminded of the expiatory sacrifice of his Son by concrete re-enactment, i.e. by acting out the Passion.

We cannot know for certain whether ideas of this kind had any influence or why the people of Oberammergau vowed to perform a Passion Play during the plague. What is clear is that, in their suffering, they found hope in contemplating the suffering of Jesus. It is also clear, according to the

verbinden. Damit wurde es in doppelter Weise zu einer Erinnerung der Rettung. Denn zum Gedenken der Passion Jesu gehört von Anfang an, wie in der Eucharistiefeier, die Erinnerung an die Rettung *aller* Menschen durch sein Leben, seinen Tod und seine Auferstehung. In der Messe sprechen die Gläubigen: „Deinen Tod, o Herr, verkünden wir, und deine Auferstehung preisen wir", und der Priester fährt fort: „Darum, gütiger Vater, feiern wir das Gedächtnis unserer Erlösung." Auch in den Passionsspielen wird in immer neuer Formulierung dem Gedanken der Rettung Ausdruck verliehen, wie z.B. in dem Text Ferdinand Rosners von 1750: „So leg die Trauer ab, die überflüssig ist,/Weil du mit ihm auch auferstanden bist."

Das Passionsspiel als Gedächtnis von Heilserfahrung - damit sind wir im geistigen Zentrum, am Lebensnerv des Spiels. Das Oberammergauer und auch die anderen Passionsspiele, wie sie sich seit dem 13. Jahrhundert entwickelten, im Mittelalter in ganz Europa verbreiteten und im 17./18. Jahrhundert noch einmal eine Blüte im bayerisch-österreichischen Raum erlebten - sie alle wollten und wollen nicht das grausame Scheitern eines Menschen im Tod erzählen, sondern das durch Tod und Auferstehung Jesu der Menschheit sich erschließende Leben. Ihre Bezeichnung ist eigentlich irreführend, denn es sind keine „Passions-", sondern „Erlösungs-Spiele". Vielfältig sind dabei die künstlerischen Mittel, mit denen versucht wird, die Heilsbedeutung des Geschehens zum Ausdruck zu bringen. Dazu dienen die Erklärungen der das Spiel deutenden Kommentator-Figuren, im Mittelalter „Proclamator", in Oberammergau „Schutzgeist", „Genius" oder „Prolog" geheißen, dazu dient die Methode, Elemente alttestamentarischer Hoffnungsfiguren wie des „leidenden Gerechten" in die Darstellung Jesu zu integrieren, um dadurch sichtbar zu machen, daß dieser der erwartete und endgültige Hoffnungsträger Gottes und der Menschen ist, dazu dienen u.a. auch in immer neuer Ausformung besondere Vorspiele. So stellte Daisenberger seiner bis heute in Oberammergau gespielten Passion ein Vorspiel voran, in dem er einem ersten Bild vom Verlust des Lebens am Paradiesesbaum ein zweites mit dem Gewinn des Lebens am „Lebensbaum" des Kreuzes folgen ließ. War hier der Gedanke, daß das Kreuz nicht Endpunkt, sondern der Ausgangspunkt eines neuen Lebens ist, versinnbildlicht in den aus dem Kreuzesholz wachsenden Zweigen, so wird er seit der Neuinszenierung Georg J. Langs 1930 durch Lichtsymbolik zum Ausdruck gebracht: Dem Fall Adams und Evas aus dem Licht des Paradieses in die Dunkelheit entspricht nach der Auferstehung ein Schlußbild, wo Christus als Weg in das Licht Gottes erscheint.

Solches Gedenken widerfahrenen Heils geschieht aber nicht unbeteiligt, es steht immer auch im Zusammenhang aktueller Heilsbedürftigkeit. Denen, die „mühselig und beladen" sind, vergegenwärtigt das Oberammergauer Spiel, daß Christus - paradoxerweise - der Grund größter Hoffnung ist, weil er den tiefsten Abgrund menschlichen Leidens ausgeschritten hat.

historical sources, that the epidemic suddenly ended when the vow was made. In the following centuries, therefore, when people remembered that the village community had been saved from dire distress this was always connected with the Play.

In this way it became a reminder of salvation in two respects. Comtemplation of Jesus' suffering is inseparable from remembering, as in celebrating the eucharist, that the *whole* of mankind was saved by means of his life, death and resurrection. The words of the faithful when celebrating Mass are, "By your death and resurrection you have set us free. You are the Savior of the world". The Passion Play also expresses the idea of salvation in words which are always new, for example in Ferdinand Rosner's text of 1750: "Put aside your grief which is unnecessary, because you have arisen with him."

The Passion Play as a remembrance of the experience of salvation brings us to the spiritual centre, the vital nerve of the Play. It is not the aim of the Oberammergau Play – and the other Passion Plays which developed after the 13th century, spread throughout Europe in the Middle Ages and flourished once again in the 17th and 18th centuries in Bavaria and Austria – to show how one man was cruelly put to death. But it is to show the life which is revealed to mankind by the death and resurrection of Jesus. The name of these plays is actually misleading because they are not "Passion" but "Redemption" plays. They use many different artistic devices to try to express the message of salvation in the action. This is the purpose of the statements by the commentator figures who interpret the play and who in the Middle Ages were called "Proclamator" or, in Oberammergau, "Guardian Spirit", "Genius" or "Prologue". This is also why elements of Old Testament figures of hope such as the "suffering righteous man" are incorporated in the portrayal of Jesus in order to make it clear that he is the expected, ultimate bearer of hope for God and humankind. It is also the purpose of the songs and tableaux between the scenes which constantly take on new forms. Daisenberger, for instance, preceded his Play, which is the one still given in Oberammergau, by a prologue containing two scenes, the first showing how life was lost at the tree of paradise and the second showing how life was won at the "Tree of Life" of the Cross. The idea that the Cross is not the final point, but the starting point of a new life was symbolised here in the branches growing from the wood of the Cross, but since Georg J. Lang's new staging in 1930 this has been expressed by the symbolism of light. The fall of Adam and Eve from the light of Paradise into darkness has its counterpart, after the resurrection in a final scene where Christ appears as the way to the light of God.

However, the contemplation of experienced salvation demands involvement, it always takes place in conjunction with an existing need for salvation. The Oberammergau Play shows those who "labour and are heavy

Es tut dies u.a. dadurch, daß es der Passion Jesu die alttestamentarischen Bilder gegenübergestellt, die eigentlich menschliches Leid aller Zeiten, auch der unsrigen, vor Augen führen. Wir sehen z.B. den entgegen aller Brüderlichkeit ausgelieferten Joseph, den sich selbst und seiner Arbeit entfremdeten Adam, den seiner Wahrhaftigkeit wegen mißhandelten Propheten Micha, den schuldlos verfolgten Naboth und den in scheinbar hoffnungsloses Elend gefallenen Ijob. Jesus aber wird als derjenige gezeigt, der diese Formen unseres Leidens am eigenen Leib durchlebte, ähnlich wie dies in den Worten eines Gedichts von Eva Zeller zum Ausdruck kommt: „Wann,/wenn nicht/um die neunte Stunde,/als er schrie,/sind wir ihm/wie aus dem Gesicht geschnitten"?

Weil der Gekreuzigte die Züge des leidenden Menschen trägt, darf aber auch der Mensch, der die Züge des Gekreuzigten trägt und vielleicht verzweifelt einstimmen möchte in die Worte des Psalms „Mein Gott, mein Gott, warum hast du mich verlassen?", sich die Hoffnungsperspektive des gleichen Psalms zu eigen machen: „Auf dich haben unsere Väter vertraut,/Sie haben vertraut, und du hast sie gerettet." Vor allem aber, weil für Jesus am Ende des Weges durch die Dunkelheit nicht der Tod, sondern die Auferstehung stand, können alle Leidenden und der Heilung Bedürftigen hoffen. Wir werden ermutigt, entgegen der scheinbar aussichtsreichen Unmenschlichkeit die manchmal aussichtslos scheinende Menschlichkeit Jesu nachzuleben und gegen alle Ausbreitung des Todes von Gott die Heilung des Lebens zu erwarten und daran mitzuarbeiten.

Glaube, Hoffnung, Liebe, Umkehr und Nachfolge – das sollten nach Pfarrer Joseph A. Daisenberger die „Früchte der Passionsbetrachtungen" sein. Diese ursprünglichen Zielsetzungen wurden manchmal durch die Art, wie das Oberammergauer Passionsspiel von außen gedeutet wurde, verwischt. Patriotisch Begeisterte sahen es – mehr kulturhistorisch als religiös interessiert – als „kostbare Relique des früheren Deutschlands" und „Hort des deutschen Volksgeistes". Andere deuteten es als „bäuerliches Spiel" und Ergebnis der „segnenden Kraft der Scholle" und wollten es zu einem Symbol der Heimatkultur machen. Demgegenüber wies die Kirche darauf hin, „daß alles echte Heimatgefühl und alle wirklich tiefe und wahre Kunst zuletzt wurzelt in echter, wahrer, lebendiger Religion". Immer wieder stellte sie klar, daß es nicht um die Propagierung einer Ideologie oder eine Verklärung der Welt von Gestern geht, sondern um die für die Gegenwart zu entfaltende Kraft der Passion Jesu.

Eine Gefahr der Passionsspiele früherer Zeiten war es, daß sie – um die göttliche Natur Christi zu betonen – diesen kaum als „wahren Menschen" darzustellen wagten. Sein Leiden wurde zum Teil nicht letztlich ernst genommen, das Abgründige der Ölberg-Angst und der Verlassenheit am Kreuz waren aufgehoben durch eine schon dem *Menschen* Jesus zugeschriebene göttliche Allwissenheit. Heute ist es nötig, Jesus als wirk-

laden" that Christ - paradoxically - is the ground for the greatest hope because he passed through the deepest abyss of human suffering. One way in which the Play does this is by contrasting the Passion of Jesus with scenes from the Old Testament which show actual human suffering throughout the ages. For instance, we see Joseph who is handed over contrary to brotherly love; Adam who is alienated from himself and his work; the prophet Micaiah who is ill-treated because of his honesty; Naboth who is persecuted although he has done no wrong and Job in his apparent misery. But Jesus is shown as the one who experiences all these forms of our suffering in his own body, in a similar way to that expressed in the words of a poem by Eva Zeller: "When, – if not – in the ninth hour – as he cried – are we his living image?"

Because the crucified Jesus bears the features of suffering humanity, humanity in turn, bears the features of the crucified Jesus. Would we not like to join in the words of the Psalm: "My God, my God, why have you forsaken me?" And humanity can therefore also accept the prospect of hope offered by the same Psalm: "Our fathers trusted in you, they trusted and you saved them." This is especially so because the end of Jesus' journey did not mean death, but resurrection. All who are suffering and in need of healing are now encourouged to imitate the human Jesus, even though the inhumanity of man seems to offer more rewards. Through God's salvivic power and our co-operation we can hope, in the face of death and destruction, the healing of a sick world.

Faith, hope, love, conversion and following in Christ's footsteps, these according to the priest Joseph A. Daisenberger, should be the "fruits of contemplation of the Passion". However, these original objectives have been blurred by the way in which the Oberammergau Play has been interpreted by outsiders. Enthusiastic patriots who were more interested in cultural history than religion regarded it as "a precious relic of old Germany" and "a treasure of the spirit of the German people". Others described it as a "rustic play" and the product of "the saving power of the soil" and tried to make it a symbol of the culture of their native land. In reply to all this the Church pointed out "that all genuine feeling for one's native land and all art which is really deep and true ultimately originates from genuine, true, living religion". The Church has always made it clear that the Passion Play does not aim to propagate an ideology or to transfigure the world of yesterday, but to show the force, which is relevant to the present, of Jesus' suffering, also in the sense of Paul's words: "For it is not ourselves that we preach; we preach Jesus Christ as Lord" (2 Cor 4,5).

One of the risks of Passion Plays of earlier times was that they hardly dared to show Christ as a "true man" because they aimed at emphasizing his divine nature. Sometimes his suffering was not taken seriously, the unfathomable depth of his anguish on the Mount of Olives and his desola-

*Im Kreuz ist Heil – nach Joh 3, 14 verweist uns darauf auch Israels Rettung aus der Schlangenplage (Num 21). Diese wurde deshalb früher in zwei Lebenden Bildern des Passionsspiels gestaltet (heute eines). Die Aufnahmen des Hofphotographen J. Albert von 1871 zeigen die Versinnbildlichung des Heilsgedankens: Das im ersten Bild krank zu Boden liegende Volk richtet sich im zweiten auf – gerettet durch den Aufblick zu dem göttlichen Heilzeichen.*

*The cross brings salvation – according to Joan 3, 14 we are also told this by Israel's deliverance from the plague of serpents (Num 21). This used to be shown in two tableaux vivants of the Passion Play (now one). The Photos by J. Albert of 1871 show the symbolization of the idea of salvation. The people lying ill on the ground in the first picture are standing up in the second – saved by looking up to the sign of God's salvation.*

lichen Menschen zu begreifen, denn nur als solcher – und nicht als Phantom mit märchenhaften Zügen – wird er uns glaubwürdig. Im Grunde liegt darin sogar eine besondere Chance der Passionsspiele, denn wie könnte er als Mensch begreifbarer gemacht werden, als indem er durch einen Darsteller Gestalt annimmt?

Eine Aufgabe, die sich uns in anderer Weise als früher stellt, ist auch die Darstellung des Jüdischen. Das Bewußtsein, daß Jesus als Jude in den religiösen und kulturellen Traditionen seines Volkes lebte, war unter den Christen nicht immer klar ausgeprägt. Teilweise bestimmten auch zu sehr römische Überlieferungen die Vorstellungen. Z.B. war die Kleidung Jesu und seiner Jünger in der christlichen Bildertradition nach römischem Muster gestaltet, und so übernahm sie auch das Oberammergauer Passionsspiel. Wenn nun aber die anderen Juden in orientalische Kostüme gekleidet wurden, entstand der Eindruck, Jesus gehöre nicht zu ihnen.
Noch problematischer konnte die Behandlung der Schuldfrage werden. Manche der spätmittelalterlichen Passionsspiele lasteten die Schuld am Tod Jesu den zeitgenössischen Juden an und provozierten damit brutale Pogrome. Nun waren zwar die Autoren der Oberammergauer Spieltexte glücklicherweise frei von antijudaistischen Emotionen, doch gab das begrenzte exegetische und historische Wissen ihrer Zeit Anlaß zu mehrfachen Textüberarbeitungen, auch für 1990. Deutliche Worte zu diesem Thema fand Kardinal Döpfner: „Es geht hier letztlich eben nicht um eine Schuld oder gar Kollektivschuld der Juden, sondern in denen, die damals mitwirkten, wird unsere Schuld, unsere Sünde, das Versagen auch des neuen Israel, der Kirche, sichtbar".

Im Zentrum der Passionsspiele steht von ihren Anfängen bis heute eine ebenso einfache wie tiefsinnige Deutung des Leidens Jesu, die dieses vor allem als eine Offenbarung seiner Liebe sieht, einer absoluten Hingabe an den Vater wie an die Menschen. Vor der Kreuzigung werden in Oberammergau die Verse von Weis gesungen: „Wer kann die hohe Liebe fassen,/ Die bis zum Tode liebt?" So können nach einem Wort Bernhard von Clairvaux', auf den sich auch Rosner beruft, die Passionsspiele geradezu als eine „Schule der Liebe" verstanden werden. Freilich ist dadurch ein Maßstab gesetzt, der auch für die Praxis des Spiels gilt und der eine starke Dynamik beinhaltet. Denn wo wäre ein Bereich, der davon nicht betroffen und von dieser Kraft nicht zu verwandeln wäre? Angesichts dieses Anspruchs erfährt Oberammergau – das stolz sein darf, diese „Schule" über die Zeiten hin erhalten zu haben –, daß man in ihr nie auslernt und – wie hoffentlich das Spiel selbst – lange nicht an ein Ende kommt.

tion on the Cross were neutralised by a divine omniscience which was attributed to him as a *man*. Today he should be understood as a true man because only as such does he become credible to us, not as a phantom with legendary characteristics. In principle this provides a special opportunity for Passion Plays, because how could he be made more comprehensible as a man than by being represented by an actor? Of course, acting out the story of the Passion in a form which is comprehensible today also constitutes a great challenge.

Another problem which confronts us in a different way than earlier times is the portrayal of the Jewish element. The awareness that Jesus lived as a Jew in his people's religious and cultural tradition was not always clearly expressed among Christians. In some respects Roman traditions had too much influence on ideas, e.g. the clothes worn by Jesus and his followers in the tradition of Christian painting were according to the Roman model, and this was adopted by the Oberammergau Play also. However, if the other Jews were dressed in oriental costume this gave the impression that Jesus was not one of them.
The treatment of the question of guilt became an even greater problem. Several Passion Plays of the late Middle Ages blamed contemporary Jews for the death of Jesus, thereby causing brutal pogroms. Fortunately, the authors of the texts of the Oberammergau Play were free of anti-Jewish feelings, but the limited exegetical and historical knowledge of their time has given rise to several revisions of the text, including 1990. What Cardinal Döpfner said on this point is perfectly clear: "In the final analysis it is not a question of guilt or even collective guilt of Jews; our guilt, our sin, as well as the failure of the new Israel, the Church, become visible in those who contributed at the time".

From its very beginnings up to the present day there has been at the centre of the Passion Plays a simple but profound interpretation of Jesus' suffering which sees it primarily as a revelation of his love, as the ultimate sacrifice to the Father and for humanity. Before the crucifixion the verses by Weis are sung in Oberammergau: "Who can conceive of this great love, which loves even unto death?" In the words of Bernard of Clairvaux, to which Rosner also refers, the Passion Plays can be understood simply as a "school of love". Of course, this sets a standard which also applies to the actual performance of the Play and which constitutes a strong driving force. Is there any area of life which would not be affected and which could not be changed by this force? In view of this claim, Oberammergau, which can be proud that it has maintained this "school" over the ages, knows that there is always more to learn and, that the process of learning will not come to an end, like the play itself.

Otto Huber

Ohnmächtiges Leid – dazu gehört der Schmerz der Mütter über den Tod des von ihnen geborenen Lebens. In der Pietà (hier der Pfarrkirche von Oberammergau) oder der entprechenden Passionsspielszene begegnet uns das Leiden Marias. Der Blick auf ihren Glauben wie auf die Auferstehung ihres Sohnes kann helfen, Schmerz und Verzweiflung zu bewältigen.

Helpless suffering – one example is mother's agony at the death of the life to which she has given birth. We encounter Mary's suffering in the Pieta (this one is in Oberammergau parish church) and in the corresponding scene from the Passion Play. Contemplation of her faith and the resurrection of her Son can help overcome our pain and despair.

# Zeittafel zur Geschichte des Oberammergauer Passionsspiels

(Mit Durchnumerierung der Aufführungsjahre)

**1633** In der Pest geloben die „Gemeinds-Leuthe Sechs und Zwölf", „die Passions-Tragödie alle 10 Jahre zu halten". (Die katholische Reformbewegung fördert die Passionsspiele: 1550–1800 sind im bayerisch-österreichischen Raum über 250 Spiele dokumentiert, 40 allein 1600–1650).

**1634 (1.)** Die Passion wird auf dem Friedhof neben der Kirche aufgeführt.

**1662** Abschrift des ältesten erhaltenen Oberammergauer Passions-Textes. Ein Großteil der 4902 Verse entstammt 2 weit älteren Spielen, die schon vor 1634 miteinander verbunden wurden:
1. einem mittelalterlichen Passionsspiel (2. Hälfte 15. Jh.), dessen Handschrift im Augsburger Benediktinerkloster St. Ulrich und Afra gefunden wurde und in dem wiederum Tiroler Passionsspiele und ältere Passions-Traktate (z.B. „Extendit manum") verarbeitet sind;
2. der reformatorisch gestalteten, als Druck verbreiteten Passions-„Tragedi" des Augsburger Meistersingers Sebastian Wild von 1566, der seinerseits u.a. das humanistische Spiel „Christus redivivus" (1543) des Oxforder Reformators Nicholaus Grimald als Vorlage benutzte.

**1674 (5.)** Erweiterung durch Szenen der Weilheimer Passion von Pfarrer Johann Älbl (1600, 1615; Herkunft aus alemannischer Passion des 15./16. Jh.)

**1680 (6.)** Übergang zur Aufführung in den Zehnerjahren

**1700 (8.)** Spielleitung und Verbesserung der Reime durch Benefiziat Thomas Ainhaus

**1720 (10.)** Erhaltene Teile des von P. Karl Bader (1662–1731) revidierten Textes dokumentieren eine barocke Kulissenbühne.

**1730 (11.)** Bearbeitung durch den Rottenbucher Augustiner Anselm Manhart (1680–1752), der die allegorischen Figuren Neid, Geiz, Tod und Sünde als Gegner Jesu einführt und das traditionelle, der Meditation dienende Kunstmittel des „Einfrierens" der Handlung ausbaut zu einer Reihe „Lebender Bilder". Spielleiter ist 1730–1760 Benefiziat Max Erlböck (1690–1770).

**1740 (12.)** Textrevision des Rottenbucher Augustiners Clemens Prasser (1703–70)

**1750 (13.)** „Passio Nova" des Ettaler Benediktiners Ferdinand Rosner (1709–78), religiös und künstlerisch durchgehend neu gestaltet in der Formensprache des Geistlichen Barocktheaters: Die

# Chronology of the Oberammergau Passion Play

(Numbers in brackets indicate performance years)

**1633** During the plague the village council of the Six and the Twelve vow to perform the "Tragedy of the Passion" every 10 years. (The Catholic reform movement encouraged Passion Plays: over 250 plays are documented in Bavaria and Austria in the period 1550–1800, and 40 between 1600 and 1650 alone).

**1634 (1)** The Passion is performed in the graveyard beside the church.

**1662** Copy of the oldest surviving text of the Oberammergau Play. Most of the 4902 lines originate from two much older plays which were combined before 1634:
1. a mediaeval Passion Play (2nd half of the 15th century) the manuscript of which was found in the Benedictine Monastery of St. Ulrich and Afra in Augsburg, and which in turn uses plays from the Tirol and earlier writings on the Passion (e.g. "Extendit manum");
2. the Passion "Tragedi" of 1566 by Sebastian Wild, a Mastersinger of Augsburg; this was inspired by reformist principles and being published was widely known; Wild in turn used as a model the humanist play "Christus redividus" (1543) by the Oxford reformer Nicholas Grimald.

**1674 (5)** Addition of scenes from the Weilheim Passion by the parish priest Johann Älbl (1600, 1615, originating from an Alemannic Passion of the 15th/16th century).

**1680 (6)** Adoption of system of performing the Play in the first year of each decade.

**1700 (8)** Play directed and rhymes improved by Fr. Th. Ainhaus.

**1720 (10)** Surviving parts of the text revised by Father Karl Bader of Ettal (1662–1731) indicate a baroque stage with wings.

**1730 (11)** Adaptation by the Augustinian Anselm Manhart (1680–1752) of Rottenbuch, who introduced the allegorical figures of Envy, Avarice, Death and Sin as Jesus' enemies and expanded the traditional artistic device of "freezing" the action, which served the purpose of meditation, into a series of motionless "tableaux vivants". From 1730 to 1760 the Play was directed by Fr. Max Erlböck (1690–1770).

**1740 (12)** Text revised by the Augustinian C. Prasser (1703–70).

**1750 (13)** The "Passio nova" by the Benedictine Ferdinand Rosner (1709–78) of Ettal, the first completely revised version from the religious and artistic points of view, in the formal language of the sacred baroque theatre: the allegories are included in the action, the motionless contemplation scenes are changed into

Allegorien werden in die Handlung einbezogen, die unbewegten Betrachtungen inhaltlich geändert zu „Vor-Bildern" aus dem Alten Testament bzw. den Gleichnissen Jesu (8457 Verse!).

1770        Verbot aller Passionsspiele in Bayern, Ausfall des Spiels.

1780 (15.)  Privileg für Oberammergau nach Umarbeitung der Passion Rosners durch den Ettaler Benediktiner Magnus Knipfelberger (1747–1825). Er kürzt auf 4809 Verse, beschränkt die Auftritte der Hölle auf musikalische Zwischenszenen, bringt Neues aus dem Geist der Empfindsamkeit.

1811 (19.)  Durch Montgelas' Verbot 1801 konnte erst 1811 gespielt werden nach Vorlage eines von dem Ettaler Pater Dr. Othmar Weis (1769–1843) neugeschaffenen Textes (Konzentration auf die Evangelien, Zentralidee der Versöhnung, Sreichung allegorischer, mythologischer und legendenhafter Elemente, zeitgemäße Theologie, Prosa-Stil, Realismus, wortreiche, moralisierende Deutungen der Vorbilder, Bezugnahmen auf soziale Konflikte). Komposition der Musik durch den Oberammergauer Lehrer Rochus Dedler (1779–1822).

1815 (20.)  Sonderspiele nach Beendigung der napoleonischen Kriege. Wieder weitgehende Neugestaltung des Textes durch Weis und der Musik durch Dedler (fortgesetzt bis 1820): Erweiterung der Händler- und Volksszenen (u.a. durch den „Einzug in Jerusalem"), Anleihen an der Literatur der Zeit. Neuschaffung einer Bühne im Empire-Stil durch Benefiziat J. N. Unhoch (1762–1832) mit flankierenden Annas- und Pilatus-„Häusern" und Seitengassen. Neue Dekorationen.

1830 (22.)  Verlegung der Bühne vom Friedhof an den Nordrand des Dorfes. 1830–50 wird das Spiel aus romantischer Sicht von S. Boisserée, G. Görres, I. F. Lentner, L. Steub, E. Devrient, M. Deutinger, J. Sepp u.a. entdeckt und weithin bekannt gemacht. Ca. 13000 Besucher.

1840 (23.)  Neugestaltung der Auferstehungs-Szene. 35000 Besucher.

1850 (24.)  1. Spielleitung und einzelne Textänderungen durch Joseph A. Daisenberger (1799–1883, seit 1845 Pfarrer in Oberammergau), der im Geist seines Lehrers J. M. Sailer eine reiche volkspädagogische Wirksamkeit entfaltet, u.a. mit historischen und dramatischen Arbeiten. Ein gewählter „Passionsausschuß" organisiert die Spiele. Erstmals französische und englische Berichte über das Spiel.

1860 (25.)  1858 überarbeitet Daisenberger auf Wunsch der Regierung und unter Einbeziehung der Kritik von 1850, v.a. J. Sepps, den Text. Er bevorzugt das Johannes-Evangelium und sucht die Dramatik der Passion herauszuarbeiten. Statt der Aktualisierung bei Weis setzt er auf Zeitlosigkeit, statt Realismus auf Er-

---

"living pictures" from the Old Testament and the parables of Jesus (8,457 verses!).

1770        All Passion Plays prohibited in Bavaria. No performance.

1780 (15)  Privilege for Oberammergau after Rosner's Play was revised by the Benedictine M. Knipfelberger (1747–1825). He reduced it to 4,809 verses, confined hell to musical interludes, brought in innovations in the spirit of a new epoch.

1811 (19)  As a result of Montgelas' prohibition in 1801 the Play was not given until 1811 after the submission of a new text by the monk Dr. Othmar Weis (1769–1843), priest of Ettal. This text concentrated on the gospels and the central idea of atonement, removed the allegorical, mythological and legendary elements, introduced contemporary theology, prose style, realism and wordy, moralising interpretations of the tableaux and reference to social conflicts. Music composed by the Oberammergau teacher Rochus Dedler (1779–1822).

1815 (20)  Special performances after the end of the Napoleonic Wars. Further extensive revision of the text by Weis and of the music by Dedler (continued until 1820): expansion of the scene of the traders and the crowd scenes (including addition of the "Entry into Jerusalem"), borrowings from the literature of the time. A new stage was built in the Empire style by Father J. N. Unhoch (1762–1832) with flanking "houses" of Annas and Pilate and side streets. New scenery.

1830 (22)  Stage transferred from the graveyard to the northern edge of the village. Between 1830 and 1850 the Play was discovered from the Romantic viewpoint by S. Boisserée, G. Görres, I. F. Lentner, L. Steub, E. Devrient, M. Deutinger, J. Sepp and others, and became widely known. (Approx 13,000 spectators).

1840 (23)  Rearrangement of the Resurrection Scene. (Approx. 35,000 spectators).

1850 (24)  First production and some amendments to the text by Joseph A. Daisenberger (1799–1883), priest of Oberammergau from 1845, who, in the spirit of his teacher, J. M. Sailer, was very active in the field of educating the people and wrote a number of historical and dramatic works. The performances were organised by an elected "Passion Play Committee". First French and English reports on the Play.

1860 (25)  In 1858 Daisenberger revised the text at the government's wish and to take account of the criticism made in 1850, mainly by J. Sepp. Daisenberger gave preference to the Gospel of St. John and tried to show the drama in the Passion. He aimed at timelessness instead of the updating by Weis, at sublimity and idealisation instead of realism, at the psychologicial element instead of the political (e.g. in the case of Judas). Guided by the

habenheit und Idealisierung, statt des Politischen auf das Psychologische (z.B. bei Judas). An der antiken und klassischen Tragödie orientiert (Aufbau, Motive), strebt er andererseits nach Volkstümlichkeit durch Einfügung von Legenden (Veronika, Ahasver) und Kreuzweg-Inhalten (z.B. Jesu Begegnung mit Maria), durch historistische Rückgriffe auf alte Passionstexte, durch Gemüthaftigkeit, bildhafte Sprache und einfache Symbole (Kreuz als Lebensbaum).

1870 (26.) Daisenberger schreibt 1868 Prologe in antiken Odenmaßen zu den Lebenden Bildern. Seinen Vorschlag einer Vers-Passion nimmt die Gemeinde aber nicht an, ebensowenig wie den Verstext J. N. Sepps. Das wegen des Krieges unterbrochene Spiel wird 1871 fortgesetzt.

1880 (27.) Besucheranstieg – auch ein Zeichen kirchlicher Selbstbehauptung in Bismarcks Kulturkampf. Kostümfertigung am Münchner Hoftheater.

1890 (28.) Bühnenumbau durch C. Lautenschläger (Abtrennung der seitlichen Häuser, Neorenaissance-Fassade, technische Modernisierung), Teilüberdachung der Sitzplätze, Neuinszenierung im Hoftheaterstil mit naturalistisch-historisierenden Bühnenbildern und Kostümen.

1900 (29.) Überdachung des übrigen Zuschauerraums (Besucherzahl: 174000)

1922 (31.) Nachholung der 1920 wegen der Kriegsfolgen ausgefallenen Passion.

1930 (32.) Neubau der Bühne (mit Technik) und Neuinszenierung durch den 1922–1960 die Spiele leitenden Georg J. Lang (1889–1968). Dem klaren, asketischen, monumentalen Stil der Bühne entspricht die künstlerische Konzentration der Bühnenbilder, dazu kommt eine eindrucksvolle Massenregie. Erweiterung der Zuschauerhalle.

1934 (33.) Jubiläumsspiel. Kardinal Faulhaber erteilt den offiziellen Lehrauftrag der Kirche, die „Missio canonica". Kriegsbedingt entfällt das Spiel 1940.

1950 (34.) Bearbeitung der Musik durch Prof. Eugen Papst (480000 Besucher).

1970 (36.) Leitung: Anton Preisinger. Der alte Text bleibt. Reformansätze (u.a. mit A. J. Lippl, A. M. Miller, C. Orff, S. Schaller, R. Raffalt) scheitern. 1969–89 mehrere Textbearbeitungen zur Vermeidung von Antijudaismen.

1977 Rosner-Probe. Hans Schwaighofers Reform-Vorschlag (Text von 1750)

1984 (38.) Jubiläumsspiel.1980/84 überarbeitet Spielleiter Hans Maier die Bühnenbilder, P. Gregor Rümmelein den Text.

antique and classical tragedy (structure, motives), he aimed on the other hand at popularity by the incorporation of legends (Veronica, Ahasuerus) and incidents on the Way of the Cross (e.g. Jesus meeting with Mary), by the use of old Passion texts, by warm-heartedness, vivid language and simple symbols (cross as tree of life).

1870 (26) In 1868 Daisenberger wrote prologues to the tableaux vivants in classical ode metres. However, his proposal for a verse play was not accepted by the village, nor was the text in verse by J. N. Sepp. After interruption by war, performances continued in 1871.

1880 (27) Increasing numbers of visitors. Also signs of self-assertion by the Church in the struggle between it and the State under Bismarck. Costumes made by the Munich Court Theatre.

1890 (28) Stage rebuilt by C. Lautenschläger (separation of side houses, neo-Renaissance front, technical modernisation), part of the seating area was roofed over, new production in the style of the Court Theatre with naturalistic, historistic sets and costumes.

1900 (29) Remainder of the seating area roofed over (174,000 visitors)

1922 (31) Performances to make up for 1920, when the Play was not given owing to the aftermath of the War.

1930 (32) New construction of stage with modern stage technology and new staging by Georg J. Lang (1889–1968) who directed the Play from 1922 to 1960. The simple, ascetic, monumental style of the stage is matched by the artistic concentration of the sets, with impressive handling of the crowd scenes. Extension of the seating area.

1934 (33) Jubilee performances. Cardinal Faulhaber gives the official teaching of the Church, the "Missio canonica". No performances in 1940 owing to the War.

1950 (34) Music revised by Prof. E. Papst (480,000 visitors).

1970 (36) Director A. Preisinger. The old text remains. Attempts at reform by A. J. Lippl, A. M. Miller, C. Orff, S. Schaller and R. Raffalt among others, come to nothing. 1969–89 several revisions of the text to eliminate anti-Judaisms.

1977 The Rosner version is tried. H. Schwaighofer's proposed reform (1750 text.)

1984 (38) Jubilee performances. 1980/84 stage sets redesigned by the director H. Maier. Text revised by Fr. G. Rümmelein of Ettal.

# PASSION

*Alle seien gegrüßt, welche die Liebe hier*
*Um den Heiland vereint,*
*trauernd ihm nachzugehen*
*Auf dem Wege des Leidens*
*Bis zur Stätte der Grabesruh.*

*Welcome to all whom here the tender love*
*Of our Saviour unites,*
*mourning to follow Him*
*On His journey of suffering*
*To His final resting place.*

Folget dem Versöhner nun zur Seite,
Bis er seinen rauhen Dornenpfad
Ausgekämpfet und in heißem Streite
Blutend für uns ausgelitten hat!

Follow now at the side of the Redeemer
Until He struggles to the end
Of His rough and thorny path, and in fierce strife,
Bleeding to death, His sufferings end for us.

# Lebende Bilder

Es gibt Augenblicke, zu denen man mit dem Dichter sagen möchte: Verweile doch, du bist so schön! Heute, so scheint es, verhilft uns die Technik zur mühelosen Erfüllung dieses Wunsches: ein Druck auf den Auslöser der Kamera, und der Augenblick ist „verewigt" - oder doch nur in seiner Banalität entlarvt?

Wie mühevoll dagegen das Lebende Bild des Passionsspiels! Eine ganze Schar von Spielern hält angestrengt in erstarrten Posen still und unterwirft sich dem Willen, der den Augenblick beschwört: Verweile doch, du bist so wahr!

Denn große Augenblicke der Wahrheit sind es ja, die die Lebenden Bilder festhalten wollen; Augenblicke von Ewigkeitsbedeutung, weil sich in ihnen zeigt, wie es wirklich um den Menschen steht, um sein Unheil und sein Heil, um seine Gottesferne und um den nahe kommenden Gott. Für einen Moment, der des angehaltenen Atems wert ist, leuchtet in ihnen ein Schimmer jener letzten Wahrheit auf, die Jesus Christus in vollem Licht offenbart.

Die Einzigartigkeit Jesu wird dadurch nicht geschmälert; sie wird im Gegenteil überhaupt erst dem Begreifen zugänglich, wenn man in der Geschichte vor und nach ihm immer wieder endeckt: auch zu *ihm* haben sich die Menschen ganz ähnlich - *typisch* - verhalten wie zu anderen Gerechten, Propheten, Heiligen; und: auch der Umgang eben dieser Leute mit Menschen und menschlichen Problemen erinnert an Jesus - *typisch* Gottesmänner und -frauen! Letztlich ist es Gott selbst der sich so auf *typische* Weise vernehmen läßt; denn er selbst hat seine „Gepflogenheiten" (Kar.-Jean Daniélou)

Wie sehr Jesus dann doch all seine Vor- und Nach-Bilder überragt, erweist jeder Vergleich mit ihnen zur Genüge! Das Passionsspiel wählt seine Vergleiche - „*typoi*" - aus dem alten Testament. Wer sich von ihnen berühren und zum Nachdenken anregen läßt, wird unschwer auch in der Geschichte *nach* Jesus, ja in seinem eigenen Erfahrungshorizont Situationen finden, in denen sich das Ereignis Jesu nicht minder widerspiegelt.

# Tableaux Vivants

There are moments when one feels like saying with the poet, "Stay a while, you are so beautiful!" Nowadays, it seems, technology helps us to fulfil this without difficulty. You only have to press the release on the camera and the moment is immortalised - or is it only unmasked in its commonplaceness?

By contrast, how painstaking is the tableau vivant of the Passion Play! A whole crowd of actors strenuously hold motionless poses and submit to the single will which conjures up the moment: "Stay a while, you are so true!"

It is the great moments of truth which the tableaux vivants try to catch and record, moments of eternal significance, because they show the true situation of mankind, the situation regarding its salvation and disaster, its distance from God and the God who comes close. For a moment, which is worth the held breath of the actors, there shines in the tableaux a gleam of that ultimate truth which Jesus Christ reveals in its full light.

This does not detract from Jesus' uniqueness. On the contrary, it only becomes comprehensible when one constantly discovers in history before and after him that men behaved towards *him* in a similar - *typical* - way to that in which they behaved towards other righteous men, prophets and saints. The way in which people of this kind deal with men and men's problems reminds us of Jesus - *typical* men and women of God! In the final analysis it is God himself who speaks in this *typical* way, because he himself has his "ways". (Cardinal Jean Daniélou).

A comparison with any of his precursors and imitators is sufficient to show how far Jesus excels them all. The Passion Play chooses comparison - "*typoi*" - from the Old Testament. Anyone who is impressed by them and is made to think will easily find situations in history after Jesus and, indeed, in his own experience, in which the situation of Jesus is equally reflected.

# Von einem Baum der Tod, von einem Baum das Leben

Das Passionsspiel handelt nicht von *irgendeiner* Geschichte, die irgendwann zuende gespielt oder zuende betrachtet wäre, worauf dann die nächste folgen könnte. Ihm geht es um nichts weniger als um *die* Geschichte überhaupt, in der keiner bloß Zuschauer bleiben kann; nein, jeder muß in ihr mitspielen - um sein Leben!

Zwei Bilder stehen am Anfang des Stückes, die den tiefsten Fall und die höchste Erhebung bezeichnen, die sich in *dieser* allumfassenden Geschichte ereignen, und die die ganze Spannweite ausmessen, in der sich das Leben eines jedes Menschen bewegt:

Zuerst das Bild der Vertreibung aus dem Paradies, der Lebensbaum schon dem Blick entschwunden - bezwingendster Ausdruck für die Erfahrung, daß der Mensch unbehaust und verloren ist in dieser Welt; wer sie nicht verdrängt, in dem erweckt sie die quälende Frage, ob nicht die Verstoßung „aus dem Garten" als Stoß in den Abgrund des Nichts enden wird.

Darauf aber antwortet das zweite Bild: Es gibt eine Hoffnung - im Kreuz Christi! In einem alten Kirchenlied („O du hochheilig Kreuze") wird es besungen als der Schlüssel, der den Zugang zum Leben wieder aufschließt, welchen der Kerub mit dem Flammenschwert verstellt. So entspricht es dem Plan Gottes; wenn auch zunächst noch verborgen, steht in ihm schon immer neben dem Paradiesesbaum, ebenso bestimmend, ja diesen hoch überragend, der Kreuzesbaum, neben dem Baumstamm, an dem sich der „alte Adam" von seinem Schöpfer lossagt und sich den Tod holt, der Kreuzesstamm, an den der „neue Adam" Christus das Menschengeschlecht wieder zu seinem Schöpfer heimholt und ihm neues Leben erwirbt (vgl. Röm 5). Und das Oberammergauer Spiel hat deshalb ganz recht, wenn es das Kreuzzeichen schon vor der szenischen Erzählung vom Leben, Sterben und Auferstehen Jesu Christi aufleuchten läßt - wie der gesungene Kommentar sagt, als „fernes Morgenglühen durch die Nacht".

# A Tree of Death and a Tree of Life

What the Passion Play shows is not just any story which can be acted or watched to its conclusion and which could then be followed by the next play. It is concerned with nothing less than *the* one story in which no-one can remain a mere spectator. No, everyone must play a part in it - for the sake of his own life!

There are two tableaux at the beginning of the Play which signify the deepest fall and the highest uplifting which take place in *this* all-embracing story and which measure the entire range within which the life of every individual moves:

First, the tableau of the expulsion of Paradise, the Tree of Life already lost to view - the most overwhelming expression of the discovery that man is lost and homeless in this world. If you do not dismiss this discovery, it will lend you to ask the tormenting question whether the expulsion from the "Garden" will end as a push into the chasm of annihilation.

The answer is provided by the second tableau: there is hope - in the cross of Christ! An old hymn ("O holiest cross") sings of the cross as the key which opens up once again the path to life which is blocked by the angel with the flaming sword. This is in accordance with God's plan. Although at first hidden, it contains in addition to the Tree of Paradise the Tree of the Cross, which is just as significant and indeed towers above the former. As well as the tree by which "old Adam" repudiates his Creator and finds his own death, it contains the tree of the Cross at which the "new Adam", Christ, brings mankind home again to its Creator and gains new life for humanity (cf.Rom 5). Therefore the Oberammergau Passion Play is quite right to illuminate the sign of the Cross before the enactment of the life, death and resurrection of Jesus Christ - as the accompanying song says, like "a morning gleam shining through the night".

Die Menschheit ist verbannt aus Edens Au'n,
Von Sünd umnachtet und von Todesgrau'n!
Ihr ist zum Lebensbaume der Zugang, ach, versperrt,
Es drohet in des Cherubs Hand das Flammenschwert!

Mankind is driven from Eden's grove,
By sin benighted and in dread of death.
Its way to the tree of life is, alas, barred,
The flaming sword looms in the angel's hand.

Doch von ferne, von Kalvariens Höhen,
Leuchtet durch die Nacht ein Morgenglüh'n,
Aus des Kreuzesbaumes Zweigen wehen
Friedenslüfte durch die Welten hin!

But from afar, from Calvary's heights,
A morning gleam shines through the night;
Soft breezes of peace blow throughout the world
From the branches of the Tree of the Cross.

Viele Menschen breiteten ihre Kleider auf den Weg, andere schnitten Zweige von den Bäumen und streuten sie auf den Weg. Die Scharen, die ihm voranzogen und die ihm folgten, schrien: „Hosanna dem Sohn Davids! Gepriesen sei er , der kommt im Namen des Herrn!" (Mt 21,8f / Ps 118,26)

Sagt der Tochter Zion:
Sieh, Dein König kommt zu dir,
Er ist friedfertig,
Und er reitet auf einer Eselin,
Einem Füllen, dem Jungen eines Lasttiers.
(Mt 21,5 / Sach 9,9)

The huge crowd spread their cloaks on the road, some began to cut branches from the trees and lay them along his path. The groups preceding him as well as those following kept crying out: "Hosanna to the son of David! Blessed is he who comes in the name of the Lord". (Mt. 21,8f)

Tell the daughter of Zion:
Your king comes to you
without display
astride an ass, astride a colt,
the foal of a beast of burden.
(Mt. 21,5 / Zec 9,9)

Und Jesus zog in das Heiligtum ein. Und er trieb alle Händler und Käufer im Heiligtum hinaus. Die Tische der Wechsler und die Stände der Taubenhändler stieß er um. Und er sagte: „Geschrieben ist: Mein Haus soll ein Haus des Gebetes sein. Ihr aber macht es zur Räuberhöhle".
(Mt 21,12f / Jes 56,7 / Jer 7,11.)

Jesus entered the temple precincts. He drove out all those engaged in buying and selling. He overturned the moneychangers' tables and the stalls of the dove-sellers, saying to them: "Scripture has it, 'My house shall be called a house of prayer,' but you are turning it into a den of thienves".
(Mt 21,12f / Is 56,7 / Jer 7,11.)

*Die Hohenpriester und die Schriftgelehrten hörten davon und suchten, wie sie ihn zugrunde richten könnten. Denn sie fürchteten ihn, waren doch alle Leute von seiner Lehre sehr beeindruckt. (Mk 11,18)*

*The chief priest and the scribes heard of this and began to look for a way to destroy him. They were at the same time afraid of him because the whole crowd was under the spell of his teaching. (Mk 11,18)*

# Abschied - Entscheidung

Manche Situationen muß man ganz alleine bestehen, nicht weil die anderen einen im Stich gelassen hätten, sondern weil man in ihnen so persönlich gefordert ist, daß es für andere dabei nichts zu tun gibt; weil also eine Entscheidung zu treffen, eine Wahrheit zu vertreten oder eine Aufgabe zu erfüllen ist, mit der das eigene innerste Wesen steht und fällt. Man riskiert mit solcher Treue zur eigenen Bestimmung, selbst die Vertrautesten vor den Kopf zu stoßen, und kann ihnen allenfalls die Wahl lassen, ihrer Wege zu gehen oder, wenn sie es vermögen, zu folgen.

Von Anfang an gibt es im Leben Jesu solche Ereignisse. Schon der Zwölfjährige im Tempel zu seinen Eltern: „Wußtet ihr nicht, daß ich in dem sein muß, was meinem Vater gehört?" (Lk 2,49). Später in Kana zu Maria: „Was willst du von mir, Frau? Meine Stunde ist noch nicht gekommen." (Joh 2,4) Dann zu Petrus: „Weg mit dir, Satan, geh mir aus den Augen! Du willst mich zu Fall bringen." (Mt 16.23) Und zu allen Zwölfen: „Wollt auch ihr gehen?" (Joh 6,67) Sehr schroff kann Jesus den Punkt markieren, von dem sein Weg anderswohin führt, als seine Umgebung erwartet; und von manchen Weggefährten muß er sich an diesem Punkt trennen.

Dies darf man nicht vergessen haben, wenn man betrachtet, wie Jesus sich von seiner Mutter (einer alten Überlieferung nach in Betanien) trennt, bevor er sich aufmacht nach Jerusalem, auf den Weg, den nun wirklich jeder allein gehen muß: in den Tod. Der Weggang Jesu verlangt auch von Maria eine Entscheidung. Im Vergleichsbild aus dem AT - Tobias verabschiedet sich von seiner Mutter für eine weite Reise - könnte man das Gefühlige der Situation betont sehen. Doch auch hier geht ein Sohn seinen ihm vom Vater bestimmten Weg, auch hier steht die Mutter vor einer Wahl: sich ichbezogen nur ihrem Schmerz zu überlassen oder jazusagen zum Aufbruch ihres Sohnes und - innerlich - mit ihm zu gehen. Maria verhält sich so, und darum wird sie unterm Kreuz, auch äußerlich - wieder mit Jesus vereint sein.

# Farewell - Decision

Sometimes situations arise which we have to go through alone, not because we have been let down by others, but because the situation makes such demands on us personally that there is nothing for other people to do. There are situations where a decision has to be taken, a principle has to be defended or a task fulfilled with which one's own innermost being stands or falls. With such faith in his own destiny there is a risk that a person will offend even those closest to him and therefore he can only leave them to choose to go their own way or, if they are able, to follow him.

From the beginning there were occurrences of this kind in Jesus' life. At the age of twelve he said to his parents in the temple, "Didn't you know that I had to be in my Father's house?" (Lk 2,49). Later, in Cana he says to Mary, "What do you want from me, woman? My time has not yet come." (Jn 2,4). Then to Peter, "Get away from me, Satan! You are an obstacle in my way," (Mt 16,23). And to all twelve disciples, "Would you also like to leave?" (Jn 6,67). Jesus can be very abrupt in marking the point where his path departs from the path expected by his followers, and at that point he has to leave many of his travelling companions.

This should not be forgotten when we consider how Jesus parts from his mother (in Bethany, according to an old tradition) before setting off for Jerusalem on the path which everyone has to take on his own - the path to death. Jesus' departure requires Mary also to make a decision. In the comparison from the Old Testament, in which Tobias bids farewell to his mother before going on a long journey, it would be possible to see the emphasis on the emotional element in the situation. But here again a son is taking the path determined by his father, here again the mother has a choice; either to abandon herself to self-centred grief or to take a positive attitude to her son's departure and - inwardly - go with him. This is what Mary does and this is why she will be reunited with Jesus beneath the cross, outwardly as well.

*Tob 5,17-23*
*Mk 11,1.12*

Seht, wie tief betrübt des Tobias Mutter
Nachblickt nach dem scheidenden Herzenssohne!
So weint auch die Mutter des Gottessohnes
Dem Geliebten nach, der entschlossen hingeht,
Durch der Liebe sühnenden Tod der Menschheit
Sünde zu tilgen.

See how full of sorrow Tobias' Mother
Gazes at the son of her heart.
Even so the Mother of the Son of God weeps
Seeing her beloved Son with resolute steps
Going to wipe out with His love and death
The sins of mankind.

Jesus sagt zu Petrus: „Weg mit dir, Satan, mir aus den Augen! Du willst mich zu Fall bringen! Du hast nicht im Sinn, was Gott will, sondern was die Menschen wollen!" (Mt 16,23)

„Als sie dieses Salböl über mich goß, hat sie mich für das Begräbnis gesalbt. Amen, ich sage euch: Wo in aller Welt diese Heilsbotschaft verkündet wird, wird man sich an sie erinnern und erzählen, was sie getan hat". (Mt 26,12)

Jesus said to Peter: "Get out of my sight, satan! You are trying to make me trip and fall. You are not judging by God's standards, but by man's". (Mt 16,23)

"By pouring this perfume on my body, she has contributed toward my burial preparation. I assure you, wherever the good news is proclaimed throughout the world, what she did will be spoken of as her memorial". (Mt 26,12)

# Ihn suchen, den meine Seele liebt

Jeder, der sich halbwegs für einen Christen hält, weiß, daß er sich als Kind Gottes betrachten und deshalb Gott seinen Vater nennen darf. Jeder, der ein ganzer Christ sein will, weiß, daß das „kindliche" Vertrauen, zu dem ihn Gottes väterliche Liebe ermutigt, nicht Sache eines unmündigen Menschen sein (oder bleiben) darf.

Daß Gott den reifen Menschen als seinen Bundespartner sucht, spricht die Bibel unmißverständlich aus, wenn sie den Herrn als Bräutigam oder Ehemann darstellt, der um sein Volk wie um eine Braut oder Ehefrau wirbt:„Ich traue dich mir an auf ewig; ich traue dich mir an um den Brautpreis von Gerechtigkeit und Recht, von Liebe und Erbarmen." (Hos 2,21)

Ein ganzes Buch der Bibel, das Hohe Lied, läßt sich im Sinne dieses Bildes verstehen als poesievoll geformter Ausdruck des ebenso leidenschaftlichen wie innigen Verhältnisses von Gott und Mensch; und die Sehnsucht der Braut des Hohen Liedes als der Glaube eines Menschen, der mit allen Fasern seines Herzens seinen Gott sucht und alles von ihm erwartet, - eine Braut ist ja durch und durch Erwartung: „Des Nachts auf meinem Lager suchte ich ihn, den meine Seele liebt. Ich suchte ihn und fand ihn nicht. Aufstehen will ich, die Stadt durchstreifen, die Gassen und Plätze, ihn suchen, den meine Seele liebt." (Hld 3,1-2)

Maria, obwohl *Mutter* des Gottmenschen, darf durch das Lebende Bild sehr wohl mit dieser *Braut* verglichen werden, da ihre Sehnsucht nach dem Sohn ganz durchdrungen ist von erwartungsvollem Glauben, der nicht von ihm läßt, auch nicht angesichts des ihm drohenden Todes. So bewahrheitet sich in Maria beispielhaft das Wort des Hohen Liedes. „Stark wie der Tod ist die Liebe" (Hld 8,6). Denn der Tod (des Sohnes) vermag die Liebe (der Mutter) nicht zu brechen. Wie recht Maria hat, sich durch den Tod nicht beirren zu lassen, wird sich erweisen bei der Auferstehung, die die alttestamentliche Überzeugung noch überbietet: die Liebe ist *stärker* als der Tod.

# I Looked for the One I Love

Anyone who considers himself more or less a Christian knows that he can regard himself as a child of God and that therefore he can call God his father. Anyone who wants to be a complete Christian knows that the "childlike" trust which is encouraged by God's fatherly love should not be (or remain) something for a person who is not yet an adult.

The Bible makes it perfectly clear that God seeks the mature person as his partner when it describes the Lord as a bridegroom or husband who courts his people as a man would court his future wife: "I will make you my wife; I will be true and faithful; I will show you constant love and mercy" (Hos 2,19)

An entire book of the Bible, the Song of Songs, can be understood as a metaphor of this kind, as a poetic expression of the passionate and intimate relationship between God and man. Likewise, the longing of the bride in the Song of Songs can be understood as the faith of a person who with every fibre of his or her being seeks his God and expects everything from him - a bride is full of expectation: "asleep on my bed, night after night I dreamt of the one I love; I was looking for him, but couldn't find him. I went wandering through the city, through its steets and alleys. I looked for the one I love" (Song 3, 1-2).

Although Mary was the Mother of the God-man, she can rightly be compared by the tableau vivant with this bride because her longing for her son is completely suffused with expectant faith which does not give up even when she sees him threatened by death. Mary, therefore, is a perfect illustration of the words of the Song of Songs: "Love is as powerful as death" (Song 8,6) because the death of the son cannot destroy the Mother's love. How right Mary is, not to be misled by death, will be proved at the resurrection, which even surpasses the assurance expressed by the Old Testament: love is *stronger* than death.

*Hld 3;6*
*Song 3;6*

Seht die Braut in Salomons Hohem Liede!
Wie sie klagt: „Der Bräutigam ist entschwunden!",
Wie sie ruft und sucht, sich nicht Ruhe gönnend,
Bis sie ihn findet!

See the bride in the song of Salomon,
How she weeps for the missing bridegroom,
How she calls and seeks, allowing herself no rest
Until she finds him.

Maria: „O Simeon, Simeon, ehrwürdiger Greis! Jetzt wird sich erfüllen, was du mir einst geweissagt hast: ,Ein Schwert wird deine Seele durchdringen!'" (Lk 2,35)

Maria: „Mein Sohn, wo werde ich dich wiedersehen?"
Jesus: „Dort, wo sich das Wort der Schrift erfüllt: ,Er war wie ein Lamm, das zur Schlachtbank geführt wird und seinen Mund nicht öffnet.'" (Jes 53,7)

Mary: "O Simeon, Simeon, venerable old man. What you once prophesied to me will now be fulfilled: 'A sword will pierce your soul!'" (Lk 2,35)

Mary: "My son, where shall I see you again?"
Jesus: "There, where the words of the scripture are fulfilled: 'He was led like a lamb to the slaughter, and he opened not his mouth.'" (Is 53,7)

# Jesu Rede über die Endzeit

Seine Jünger wiesen ihn auf die gewaltigen Bauten des Tempels hin. Jesus sagte zu ihnen: „Seht sie nur an! Wahrlich, ich sage euch: Hier bleibt kein Stein auf dem andern – keiner, der nicht niedergerissen wird!" Und sie fragten ihn: „Sag uns, wann wird das geschehen? Was ist das Zeichen deiner Ankunft und des Endes der Weltzeit?"

Jesus sprach zu ihnen: „Seht zu, daß keiner euch in die Irre führe! Denn viele werden unter meinem Namen kommen und sagen: ‚Ich bin der Messias!' Und sie werden viele in die Irre führen. Seid wachsam und habt keine Furcht, wenn nah und fern Kriege ausbrechen! Das muß geschehen, es ist aber noch nicht das Ende! Aufstehen wird Volk gegen Volk und Reich gegen Reich, und an vielen Orten wird es Hungersnot und Erdbeben geben, und dies ist nur der Anfang der Wehen.

Ausliefern wird man euch, quälen und töten. Die ganze Welt wird euch hassen, weil ihr euch zu mir bekennt. Dann werden viele zu Fall kommen und hassen werden sie einander und einander verraten. Aufstehen werden in Scharen die Lügenpropheten, Gottlosigkeit breitet sich aus, und die Liebe unter euch wird kalt. Doch ist gerettet, wer standhaft bleibt bis zum Ende.

Wenn aber der Menschensohn kommt in seiner Herrlichkeit und alle Engel mit ihm, dann wird er sich setzen auf den Thron seiner Herrlichkeit. Und alle Völker werden vor ihm versammelt sein, und er wird sie voneinander sondern, wie der Hirt die Schafe von den Ziegen sondert. Dann wird der König denen zu seiner Rechten sagen: Kommt zu mir, ihr Gesegneten meines Vaters! Nehmt das Reich zum Erbe, das euch zubereitet ist seit Urbeginn der Welt. Denn hungrig war ich – und ihr habt mir zu essen gegeben, durstig – und ihr habt mich getränkt. Fremdling war ich – und ihr habt mich aufgenommen, nackt – und ihr habt mich gewandet. Krank war ich – und ihr habt mich versorgt, im Gefängnis war ich – und ihr habt mich besucht. Wahrlich, ich sage euch, was ihr auch nur einem meiner geringsten Brüder getan habt, das habt ihr mir getan.

Dann wird er sich zu den anderen wenden und zu ihnen sagen: Weg von mir, ihr Verfluchten, ins unendliche Feuer! Wahrlich, ich sage euch, was ihr für einen meiner geringsten Brüder nicht getan habt, das habt ihr mir nicht getan! Und sie werden hingehen in unendliche Pein, die Gerechten aber in unendliches Leben."

Als Jesus all diese Reden geendet hatte, sprach er zu seinen Jüngern: „Ihr wißt, in zwei Tagen ist Pascha, und der Menschensohn wird zur Kreuzigung ausgeliefert."

# Jesus speaks of the Endtime

His disciples pointed out to Him the buildings of the temple area. His comment was: "Do you see all these buildings? I assure you, not one stone shall be left on another – it will all be turned down." And they asked him: "Tell us, when will all this occur? What will be the sign of your coming and the end of the world?"

In reply Jesus said to them: "Take care that no one takes you astray. Many will come and say, 'I am the Messiah', and they will lead many astray. Be watchful and have no fear when wars break out near at hand and far away. This must happen, but it is not yet the end. People will rise against people and nation against nation, and there will be famine and earthquakes in many places, and this is only the beginning of the affliction!

You will be handed over, tortured and killed, the whole world will hate you because you believe in me. Then many will come to grief and will hate each other and betray each other. False prophets will arise in hordes, godlessness will spread and love among you will become cold. But those who remain steadfast until the end will be saved.

When the Son of Man comes in his glory, he will sit upon his royal throne, and all the nations will be assembled before him. Then he will separate them into two groups, as a shepherd separates sheep from goats. The king will say to those on his right: 'Come. You have my Father's blessing! Inherit the kingdom prepared for you from the creation of the world. For I was hungry, and you gave me food, I was thirsty, and you gave me drink. I was a stranger, and you welcomed me, naked and you clothed me. I was ill and you comforted me, in prison and you came to visit me. I assure you, as often as you did it for one of my least brothers, you did it for me."

Then he will say to those on his left: 'Out of my sight, you condemned, into the everlasting fire! I assure you, as often as you neglected to do it to one of these least ones, you neglected to do it for me.' These will go off to eternal punishment and the just to eternal life."

Now when Jesus had finished all those discourses, he declared to his disciples, "You know that in two days' time it will be Passover, and that the Son of Man is to be handed over to be crucified."

*Mt aus Kapitel (from chapter) 24/25*

„Man hätte das Öl teuer verkaufen und das Geld den Armen geben können." Jesus sagte: „Sie hat ein gutes Werk an mir getan. Die Armen habt ihr immer bei euch, mich aber habt ihr nicht immer." (Mt 26,9ff)

Judas ging zu den Hohenpriestern und Befehlshabern und beriet mit ihnen, wie er ihnen Jesus ausliefern könnte. Von da an suchte er eine Gelegenheit, ihn an sie auszuliefern – abseits der Leute. (Lk 22,4ff)

"This could have been sold for a good price and the money given to the poor". Jesus said: "It is a good deed she has done for me. The poor you will always have with you, but you will not always have me."

Judas went off to confer with the chief priests and officers about a way to hand him over to them. Then he kept looking for an opportunity to hand him over without creating a disturbance. (Lk 22,4ff)

# Brot vom Himmel

Als einziger Evangelist überliefert Johannes bei seiner Darstellung des letzten Mahles Jesu mit den Aposteln nicht die Einsetzungsworte, die den Christen aller Zeiten und Konfessionen in ihrer Feier der Eucharistie - oder des Abendmahls, wie immer sie es nennen - gegenwärtig sind. Dafür bringt sein Evangelium im Anschluß an die wunderbare Speisung einer Volksmenge am See von Tiberias eine große „eucharistische Rede", in der Jesus ausruft: „Ich bin das Brot des Lebens. Eure Väter haben in der Wüste das Manna gegessen und sind gestorben. Ich bin das lebendige Brot, das vom Himmel herabgekommen ist. Wer von diesem Brot ißt, wird in Ewigkeit leben. Das Brot, das ich geben werde, ist mein Fleisch (ich gebe es hin) für das Leben der Welt." (Joh 6,48.49.51)

Da diese Worte und das Geschehen im Abendmahlssaal sich gegenseitig ausdeuten, stellt die Oberammergauer Passion der Spielszene des Abendmahls, sozusagen mit der Ermächtigung durch Jesus selbst, das Lebende Bild der Mannalese gegenüber.

Als Manna bezeichneten die Israeliten das „Brot vom Himmel" (Ex 16,4), Körner wie von Honigkuchen, die sie auf ihrem Auszug aus Ägypten ins gelobte Land jeden Morgen vom Boden der Wüste Sin auflesen konnten. „Sie aßen Manna, bis sie die Grenze von Kanaan erreichten." (Ex 16.35) Das Gottesgeschenk des Manna ließ sie die Furcht vergessen, ihre Reise könne in den Untergang führen; in seiner Kraft hielten sie durch bis ins gelobte Land der Freiheit. -

In Jesus ist die Liebe Gottes selbst vom Himmel herabgekommen, Fleisch geworden; sie bleibt uns zur Nahrung gegeben und wird an uns verteilt, bis wir unsere „irdische Pilgerfahrt" beenden - nicht im Tod, sondern in ewigem Leben.

# Bread from Heaven

In his account of the last supper of Jesus with the apostles, John is the only Evangelist who does not hand down the words of institution which Christians of all times and confessions remember when they celebrate the Eucharist or Communion, whatever name it is given. On the other hand, following the miraculous feeding of the multitude by the Sea of Galilee, his gospel contains a great "Eucharistic" speech in which Jesus proclaims, "I am the bread of life. Your ancestors ate manna in the desert, but they died. I myself am the living bread come down from heaven. If anyone eats this bread, he will live for ever. The bread that I will give him is my flesh, which I give so that the world may live," (Jn 6,48.49.51).

As these words and the events in the room of the last supper must be explained by reference to each other, the Passion Play contrasts the enactment of the last supper with the tableau vivant of the gathering of the manna, so to speak with the authority of Jesus himself.

The "bread from heaven" (Ex 16,4) was described by the Israelites as manna, like grains of honey cake, which they gathered every morning from the ground in the desert of Sin when they left Egypt for the Promised Land. "They ate manna until they reached the land of Canaan". (Ex 16,35) The gift of manna from God made them forget their fear that their journey might lead to death. With the strength it gave they held out until they reached the land of freedom.

In Jesus the love of God himself came down from Heaven and became flesh. It is still there for our nourishment and is given to us until we end our "earthly pilgrimage" - not in death but in eternal life.

*Ex 16*
*Mt 26,20-29; Mk 14,17-25; Lk 22,14-23; Joh (Jn) 13,2-Joh (Jn) 6,22-59*

*Mit des Mannas Genuß sättigte wunderbar*
*In der Wüste der Herr Israels Kinder einst.*
*Doch ein besseres Mahl*
*Bietet Jesus uns dar: aus dem Geheimnisse*
*Seines Leibes und Blutes*
*Quillt uns Gnade und Seligkeit.*

*Once long ago the Lord miraculously filled*
*Israel's children with manna in the desert.*
*But Jesus offers us*
*A better feast. Out of the mysteries*
*Of his body and blood*
*Mercy and bliss flow for us.*

# Wein - Verheißung der Lebensfülle

„Ich bin gekommen, damit sie das Leben haben und es *in Fülle* haben" (Joh 10,10), sagt Jesus über seinen Auftrag. Er vollendet ihn durch seinen Tod; am Kreuz gibt er sein Fleisch hin und vergießt sein Blut „für das Leben der Welt" (Joh 6,51). Um das Geschenk dieses Lebens sollen die Menschen nicht nur in der Erinnerung wissen, sie sollen es vielmehr nach seinem testamentarischen Willen jederzeit leibhaftig empfangen können: „Denn mein Fleisch ist eine wahre Speise und mein Blut ist ein wahrer Trank." (Joh 6,55)

Zu Gestalten seines Fleisches und Blutes bestimmt er bei seinem letzten Mahl mit den Aposteln Brot und Wein. Solange Menschen sein Gedächtnis begehen, werden diese Gaben ausgeteilt, bis er wiederkommt in Herrlichkeit. Brot und Wein - die jedem unmittelbar als Zeichen für das Leben und das Leben in Fülle verständlich sind; Brot, das den elementaren Hunger stillt, das die Lebensgrundlage schlechthin darstellt, und Wein, „der das Herz des Menschen erfreut" (Ps 104,15), der also - ein kleines Stück weit wenigstens - in die Fülle des Lebens hineinträgt; *ganz* auszukosten kann sie ja erst jenseits des rein Irdischen sein! Jesus selbst verbindet mit dem Wein ausdrücklich diesen Ausblick in die zukünftige Vollendung: „Ich sage euch: von nun an werde ich nicht mehr vom Gewächs des Weinstockes trinken, bis das Reich Gottes kommt." (Lk 22,18)

Die riesenhafte Traube, die Kundschafter aus dem Land der Verheißung zu den Israeliten in die Wüste mitbringen, um ihnen eine Ahnung davon zu geben, welcher Lebensreichtum jenseits der Grenze auf sie wartet, ist das naheliegende alttestamentliche Voraus-Bild für all das, „was Gott denen bereitet hat, die ihn lieben" (1 Kor 2,9). Wie die Rebe aus Kanaan dem ersten Gottesvolk auf seinem Zug durch die Wüste, so bietet dem neuen Gottesvolk auf seiner Wanderschaft durch diese Welt der eucharistische Wein einen „Vorgeschmack der kommenden Herrlichkeit" (Meßliturgie zum Fronleichnamsfest).

# Wine - the Promise of the Fullness of Life

"I have come in order that you might have life - life in all its fullness" (Jn 10,10), says Jesus concerning his mission. He fulfills it by his death. On the cross he gives up his flesh and pours out his blood "so that the world may live" (Jn 6,51). Mankind should not only remember this gift of life, they should be able to receive it any time in the flesh in accordance with his testamentary will:"For my flesh is the real food; my blood is the real drink". (Jn 6,55)

At the last supper with the apostles he designates bread and wine as forms of his flesh and blood. As long as men and women celebrate his memory these gifts will be shared out until he comes again in glory. Bread and wine are directly comprehensible to everyone as a symbol of life and the fullness of life. Bread assuages elementary hunger and represents the basis of life, while wine, "which makes the heart of man happy" (Ps 104,15) contributes a little at least to the fullness of life. Of course, it can be tasted to the full only in the next world! Jesus himself expressly connects the wine with this prospect of future perfection: "I tell you that from now on I will not drink this wine until the Kingdom of God comes" (Lk 22,18)

The giant grapes which bear witness to the Promised Land to the Israelites in the desert in order to give them an idea of the richness of life awaiting them on the other side of the border are the obvious Old Testament prefiguration of all the things "which God prepared for those who love him" (1 Cor 2,9). The wine of the Eucharist offers the new people of God a "foretaste of the coming glory" (Liturgy for the Feast of Corpus Christi) on their journey through this world, just as the grapes of Canaan did for the first people of God in their passage through the desert.

*Num 13,17-27*
*Mt 26,20-29 / Mk 14,17-25 / Lk 22,14-23 / Joh (Jn) 13,2*

Gut ist der Herr, gut ist der Herr:
Dem Volke einstens hatte er
Den besten Saft der Reben
Aus Kanaan gegeben.
Des neuen Bundes heil'ger Wein
Wird selbst das Blut des Sohnes sein,
Der Seele Durst zu stillen.

Good is the Lord, good is the Lord!
Once He gave to His people
The best juice of the vine
From Canaan.
The holy wine of the new covenant
Will be His Son's own blood
To quench the thirst of the soul.

„Begreift ihr, was ich an euch getan habe? Wenn ich, der Herr und Meister, euch die Füße gewaschen habe, dann müßt auch ihr einander die Füße waschen. Ein Beispiel habe ich euch gegeben, damit auch ihr tut, wie ich euch getan habe." (Joh 13,14f)

*"Do you understand what I just did for you? If I washed you feet – I who am your 'Teacher' and 'Lord' – then you must wash each other's feet. What I just did was to give you an example; as I have done, so you must do." (Jn 13,14f)*

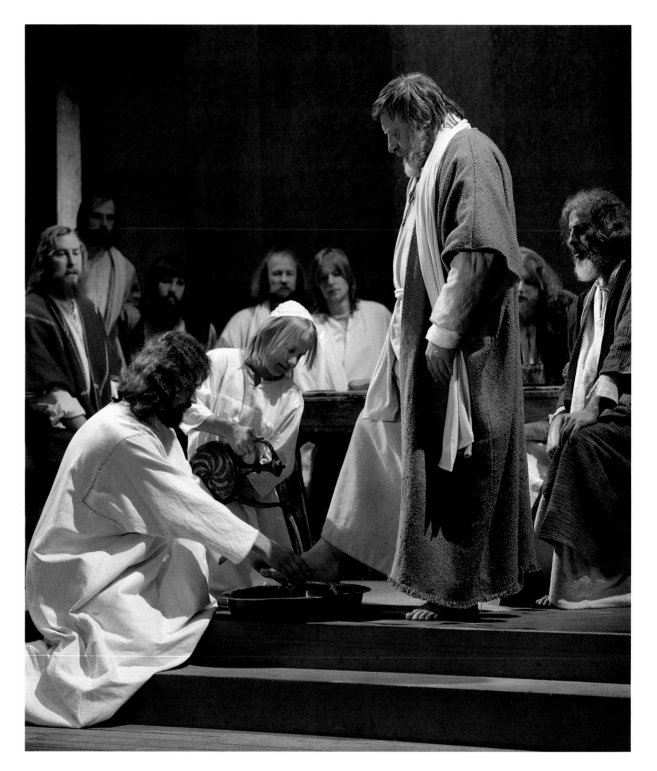

*Dann kam der Tag der ungesäuerten Bro-te, an dem das Paschalamm geschlachtet werden mußte. Jesus schickte Petrus und Johannes in die Stadt und sagte: „Geht und bereitet das Paschamahl für uns vor, daß wir es gemeinsam essen können." Und sie bereiteten das Paschamahl vor.*
*Als die Stunde gekommen war, begab er sich mit den Aposteln zu Tisch. Und er sagte zu ihnen:*
*„Ich habe mich sehr danach gesehnt, vor meinem Leiden dieses Paschalamm mit euch zu essen. Denn ich sage euch: Ich*

*werde es nicht mehr essen, bis das Mahl seine Erfüllung findet im Reich Gottes."*
*Und er nahm den Kelch, sprach das Dank-gebet und sagte: „Nehmt den Wein und verteilt ihn untereinander. Denn ich sage euch: Von nun an werde ich nicht mehr von der Frucht des Weinstocks trinken, bis das Reich Gottes kommt." (Lk 22,6ff)*

*The day of Unleavened Bread arrived on which it was appointed to sacrifice the paschal lamb. Jesus sent Peter and John off with the instruction, "Go and prepare our Passover supper for us". And accordingly they prepared the Passover supper.*
*When the hour arrived, he took his place at table, and the apostels with him. He said to them:*
*"I have greatly desired to eat this Passover with you before I suffer. I tell you, I will not eat again until it is fulfilled in the king-dom of God".*

*Then taking a cup he offered a blessing in thanks and said: "Take this and divide it among you; I tell you, from now on I will not drink of the fruit of the vine until the coming of the reign of God". (Lk 22,6ff)*

Und er nahm Brot, sprach das Dankgebet, brach das Brot und reichte es ihnen mit den Worten:
„Das ist mein Leib, der für euch hingegeben wird. Tut dies zu meinem Gedächtnis." *(Lk 22,19)*

Then, taking bread and giving thanks, he broke it and gave it to them, saying:
"This is my body to be given for you. Do this as a remembrance of me". *(Lk 22,19)*

Ebenso nahm er nach dem Mahl den Kelch
und sagte:
„Dieser Kelch ist der neue Bund in meinem
Blute, das für euch vergossen wird."
(Lk 22,20)

He did the same with the cup after eating,
saying as he did so:
"This cup is the new covenant in my blood,
which will be shed for you". (Lk 22,20)

Jesus sagte zu Judas: „Was du tun willst, das tue bald." Doch keiner erkannte, weswegen er zu ihm sprach. Als der nun den Bissen genommen, ging er sogleich hinaus. Es war aber Nacht. (Joh 13,27f)

Jesus addressed himself to Judas, "Be quick about what you are to do". Naturally none of those reclining at table understood why Jesus said this to him. No sooner had Judas eaten the morsel than he went out. It was night. (Jn 13,27ff)

Petrus: „Wenn alle an dir Anstoß nehmen, ich niemals!“ Jesus entgegnete ihm: „Amen, ich sage dir: In dieser Nacht, noch ehe der Hahn kräht, wirst du mich dreimal verleugnen.“ (Mt 26,33f)

Lobet den Herrn alle Völker!
Preiset ihn, alle Nationen!
Denn mächtig waltet über uns seine Huld,
Die Treue des Herrn währt in Ewigkeit.

Peter: "Though all may have their faith in you shaken, mine will never be shaken!" Jesus said to him, "I give you my word, before the cock crows tonight you will deny me three times". (Mt 26,33)

Praise the Lord, all peoples,
Magnify the Lord, all nations,
For the power of His grace rules over us,
The faith of the Lord is eternal.

# Verraten und verkauft

Wir „schätzen" unsere Freunde und „rechnen mit ihnen"; bei anderen sind wir im Zweifel, wie wir sie „einschätzen" sollen oder halten sie für „unberechenbar". Von manchen wissen wir, daß sie „ihren Preis" haben; über andere fällen wir das „abschätzige" Urteil, daß sie „nichts wert" seien. - Dasselbe Vokabular für Menschen wie für Geld und Waren! Überführen uns nicht die eigenen Worte einer Mentalität, mit der wir uns kaum über jene Zeiten und Gesellschaften erheben, in denen der Mitmensch - als Sklave - ganz selbstverständlich wie eine Ware behandelt und für Geld verschachert werden konnte?

Dies wäre zu bedenken, bevor wir selbstgerecht den Brüdern des Josef oder Judas ein Vergehen vorwerfen, für das es bei uns keine Parallele gäbe. Wir würden dann auch etwas tiefer blicken und erkennen: das Verwerfliche im Verhalten der Jakobssöhne, die ihren ungeliebten Bruder Josef an vorbeiziehende Sklavenhändler verkaufen, oder in dem des Judas, der, ihnen ähnlich, seinen Freund Jesus für einen Sklavenpreis verrät, ist nicht bloß die Empfänglichkeit für klingende Münze; bevor man Geld für einen Menschen nimmt, muß man ihm seine Menschenwürde abgesprochen haben.

*Darin* besteht das eigentliche Verbrechen der Jakobssöhne wie des Judas. Und das eigentlich Erschütternde: Wie konnten sie sich einem Menschen, der ihnen doch am allernächsten stand, so weit entfremden, daß ihnen am Ende ein paar Silberlinge mehr bedeuteten als der leibliche Bruder, mehr als der aufrichtigste Freund?

Den Weg der Entfremdung zwischen Josef und seinen Brüdern zeichnet die Bibel nach. Wie aber Judas dahin kam, die ihm zugesagte Seligkeit auszuschlagen - „Selig ist, wer an mir kein Ärgernis nimmt" (Mt 11,6) -, lassen die Evangelien weitgehend im Dunkeln. Vielleicht deshalb, damit wir uns erst gar nicht dabei aufhalten, empört auf *seine* Abwege zu starren, und uns stattdessen besser nach den Abwegen fragen, auf denen wir selbst unsere „erste Liebe" (Off 2,1) verlieren könnten.

# Betrayed and Sold

We "value" our friends and "count on them". With others, we may not be sure how to "rate" them or we regard them as "unpredictable". We know that some of them have their "price", while we judge others scornfully by saying that they are "worthless". The same vocabulary for human beings as for money and goods! Do not prove our own words a mentality which shows that we have hardly progressed from earlier ages and societies where our fellow beings - as slaves - were treated as goods as a matter of course and could be traded for money?

We should consider this before we self-righteously accuse Joseph's brothers or Judas of an offence for which we would not have any parallel. Then we would see a little deeper and realise that the objectionable element in the conduct of Jacob's sons, who sold their unloved brother Joseph to passing slave-traders, or in that of Judas who, like them, betrayed his friend Jesus for the price of a slave, is not just their susceptibility to cash. Before someone accepts money as payment for another man, it is necessary to deny him his human dignity.

*This* is the real crime of Jacob's sons and Judas. The really disturbing question is how could they become so estranged from a person who stood closest to them that, in the end, a few silver coins meant more to them than their own brother or their truest friend?

The Bible traces the course of the estrangement between Joseph and his brothers, but how Judas came to reject the bliss he had been promised - "How happy are those who have no doubts about me" (Mt 11,6) - is not made clear by the Gospels. Perhaps because we should not spend time indignantly considering *his* mistaken reasons, but should instead ask ourselves about the mistaken reasons which could lead us ourselves to lose our "first love" (Rev 2,1).

*Gen 37,12-28*
*Mt 26,14-16 / Mk 14,10-11 / Lk 22,3-6*

„Was bietet für den Knaben ihr?"
So sprechen Josephs Brüder hier,
„Wieviel wollt ihr uns geben?"
Sie lassen bald um den Gewinn
Von zwanzig Silberlingen hin
Des Bruders Blut und Leben.

"What will you offer for this boy?"
Said Joseph's brothers there:
"How much will you give us?"
Quickly they give away their brother's
Blood and life for a profit
Of twenty pieces of silver.

Nikodemus aber, einer aus ihren eigenen
Reihen, der früher einmal Jesus aufgesucht
hatte, sagte zu ihnen: „Verurteilt etwa unser Gesetz einen Menschen, bevor man ihn
verhört und festgestellt hat, was er tut?"
(Joh 7,50f)

One of their own number, Nicodemus (the
man who had come to him), spoke up to
say: "Since when does our law condemn
any man without first hearing him and
knowing the facts?" (Jn 7,50f)

Darauf ging einer der Zwölf, namens Judas Iskariot, zu den Hohenpriestern und
sagte: „Was wollt ihr mir geben, wenn ich
euch Jesus ausliefere?" Und sie zahlten ihm
dreißig Silberstücke. (Mt 26,14)

Then one of the Twelve whose name was
Judas Iscariot went off to the chief priests
and said, "What are you willing to give me
if I hand him over to you?" They paid him
thirty pieces of silver. (Mt 26,14)

55

# Im Schweiß des Angesichts

Für ein schwaches Bild, für den allzu schwachen Widerschein der Todesangst Jesu muß man die Feldarbeit Adams halten, mag sie auch noch so schweißtreibend sein, wenn man sie nicht als Chiffre versteht für den Fluch, der auf der ganzen - gottfernen - menschlichen Existenz lastet.

„Im Schweiße deines Angesichts sollst du dein Brot essen, bis du zurückkehrst zum Erdboden!" (Gen 3,19), dieser Urteilsspruch steigert ja nicht einfach die Anstengung beim „Bebauen und Hüten" des Gartens, das schon dem „paradiesischen" Menschen aufgetragen war (vgl. Gen 2,15), ins Unerträgliche. Er stellt ihm vielmehr vor Augen, daß die Lebensaufgabe für den, der sich von Gott getrennt hat, unter völlig verändertem Vorzeichen steht: Der Mensch, der sein will wie Gott, muß folgerichtig auch gar alles von der eigenen Leistung erwarten: er bleibt allein mit seiner Sorge, allein mit seiner Angst. Die heillose Selbstüberforderung treibt ihm den Schweiß aus den Poren.

„In allem uns gleich außer der Sünde" nennt der vierte Meßkanon den Mensch gewordenen Sohn Gottes; kann er dann jene Angst des in Sünde gefallenen Menschen je gespürt haben? Er lernte sie kennen, da er „für uns zur Sünde" (2 Kor 5,21) wurde! Er, den die Evangelien bis hin zum Gang über den Bach Kidron als staunenswert angstfreien Menschen zeichnen, *fing* am Ölberg *an,* sich zu fürchten und zu ängstigen; Markus (14,33) und Matthäus (26,37) formulieren so, als wollten sie sagen, daß das Leiden Jesu mit einer für ihn neuen schrecklichen Erfahrung beginne, mit dem bewußten Nacherleben der inneren Verfassung Adams. Nicht anders sieht es der große zeitgenössische Theologe Hans Urs von Balthasar: Die „eigentliche" Passion beginnt im Innern: mit dem ‚Grauen' und dem ‚vereinsamenden Entsetzen'. Vereinsamung gegenüber dem sich entfremdenden, aber noch nicht entschwundenen Gott, an den Jesus sich wendet, mit dem es aber keine andere Kommunikation mehr gibt als den ins Leiden hinein stärkenden Engel."

# In the Sweat of his Brow

Adams's work in the fields must be regarded as a weak image, a very pale reflection, of Jesus' fear of death, however much the work made Adam sweat, if it is not understood as a symbol of the curse on the whole of human existence far away from God.

"You will eat your bread in the sweat of your brow until you go back to the soil from which you were formed" (Gen 3,19). Of course, this judgement does not merely increase the effort of "cultivating and guarding" the garden which the man "in Paradise" was ordered to do (cf. Gen 2,15) to an unbearable degree. It also shows him that the life's work of anyone who parts from God is under totally different circumstances. A human being who wants to be like God must logically expect to achieve everything himself. He is left alone with his sorrow and fear. The terrible demands he makes on himself cause the sweat to pour from him.

"The same as us except in sin" is what the fourth Canon of the Mass says of the Son of God who became man. Can he then have felt the fear of the man who has fallen into sin? He came to know it because he "shared our sin" (2 Cor 5,21). He whom the Gospels describe as an amazingly fearless man even when crossing the river of Kidron, *began* to feel frightened and afraid on the Mount of Olives. The words used by Mark (14,33) and Matthew (26,37) seem to mean that Jesus' sufferings began with a terrible experience which was new to him, i. e. the conscious reliving of Adam's internal state of mind. This is how it is seen by the great contemporary theologian Hans Urs von Balthasar: the "real" Passion "begins inwardly: with 'dread and solitary terror'. Solitude as against the God who is drifting away but not yet disappeared and to whom Jesus turns, but with whom there is no communication other than the angel who gives him strength for his suffering."

*Gen 3,16-21*
*Mt 26,36-46 / Mk 14,32-42 / Lk 22,39-46*

Wie Adam kämpft mit drückender Lebensmüh',
An Kraft erschöpft, im Schweiße des Angesichts,
Um, ach, die eig'ne Schuld zu büßen,
So drückt den Heiland die fremde Sünde.

As Adam struggles, pressed down by life's burden,
With exhausted strength, in the sweat of the brow,
To atone, alas, for his own guilt, so likewise
The saviour is burdened by the guilt of others.

Er entfernte sich von ihnen ungefähr einen
Steinwurf weit, kniete nieder und betete:
„Vater, wenn du willst, nimm diesen Kelch
von mir, aber nicht mein, sondern dein
Wille soll geschehen!" (Lk 22,40ff)

He withdrew from them about a stone's
throw, then went down on his knees and
prayed in these words: "Father, if it is your
will, take this cup from me; yet not my will
but yours be done". (Lk 22,40ff)

Und er ging ein Stück weiter, warf sich zu
Boden und betete. (Mt 26,39)
Da erschien ihm ein Engel vom Himmel
und gab ihm neue Kraft. (Lk 22,43)

He advanced a little and fell prostrate in
prayer. (Mt 26,39)
An angel then appeared to him from
heaven to strengthen him. (Lk 22,43)

# Der heuchlerische Kuß

Joab ist von David seines Feldherrnamtes enthoben worden, sein Vetter Amasa soll es übernehmen. Bei Gibeon (Gabaon) treffen der Abgesetzte und der Neuernannte zusammen. Das 2. Buch Samuel berichtet darüber: „Joab sagte zu Amasa: Geht es dir gut, mein Bruder? und griff mit der rechten Hand nach dem Bart Amasas, um ihn zu küssen. Amasa aber achtete nicht auf das Schwert, das Joab in der linken Hand hatte, und Joab stieß es ihm in den Bauch." (20, 9-10)

Das Lebende Bild dieser Szene ist vor mächtige Felsen gestellt. Sie charakterisieren gewiß zuerst einmal den Ort Gibeon. Der Gesang des Passionsspiels jedoch ruft sie darüber hinaus wie lebendige Zeugen der schändlichen Begebenheit an, damit sie mitklagen und sich entrüsten.

Wem nun freilich der wiederholte Anruf: „Ihr Felsen Gabaon!" als pure Theatralik vorkommt, sollte dies bedenken: Der Fels ist nicht nur ein unmittelbar verständliches Symbol der Beständigkeit und Treue, sondern - eben deshalb - geradezu Gottes selbst. „ER heißt: der Fels. Er ist ein unbeirrbar treuer Gott, er ist gerecht und gerade." (Dtn 32,4)

Wenn Joab seine Bluttat unter dem Deckmantel einer geheuchelten intim vertraulichen Geste *im Angesicht des Felsen* begeht, so höhnt er damit, schier für die leiblichen Augen sichtbar, Gott ins Angesicht. Vor dem Sinnbild des Felsens als Hintergrund tritt jeder Zug seiner Tat als völlige Verkehrung des göttlichen Willens ins Gegenteil hervor - statt Treue Verrat, statt Gerechtigkeit Verbrechen, statt Geradheit die denkbar „krümmste Tour".

Das ist so widergöttlich, daß Johannes für den Wiederholungsfall - Verrat des Judas - nur noch eine einzige Erklärung findet: der Satan, der Vater der Lüge, ist in Judas gefahren! (Vgl. Joh 8,44; 13,27)

# The Hypocritical Kiss

David removed Joab from his post as leader of the army because he wanted his cousin Amasa to have it. The man who had lost his post and the one who replaced him meet at Gibeon. The account of the meeting is given in 2 Samuel: "Joab said to Amasa, 'How are you, my friend?' And took hold of his beard with his right hand in order to kiss him. Amasa was not on guard against the sword that Joab was holding in his other hand, and Joab stabbed him in the belly." (20,9.10)

The tableau vivant of this scene is set in front of huge rocks. They certainly characterise the place called Gibeon, but at the same time the song of the Passion Play calls upon them to lament and express their indignation as if they were living witnesses of the shameful deed.

Anyone who regards the repeated cry of "You rocks of Gibeon" as pure theatre should remember that the rock is not only a readily comprehensible symbol of steadfastness and loyalty, but also - and precisely for this reason - of God himself. "He is called the Rock. He is a steadfast and true God, he is upright and just." (Deut, 32,4)

When Joab carries out his bloody deed under the cover of a friendly greeting *in front of the rock* he derides God before his own face in a way which is visible to the eyes of the audience. With the symbol of the rock in the background, every element of his deed appears as the complete opposite of God's will - betrayal instead of loyalty, crime instead of justice, the greatest possible deceit instead of honesty.

It is all so contrary to God's will that John can only find one explanation for the similar act which was repeated later - the betrayal by Judas: Satan, the father of lies, had entered Judas! (cf. Jn 8,44; 13,27)

*2 Sam 20,9-10*
*Mt 26,47-50 / Mk 14,43-46 / Lk 22,47-48*

*So Böses tat auch Joab an Amasa:*　　　　*Joab was likewise treacherous to Amasa;*
*Er drückt zugleich mit heuchelnder Miene ihm*　　*With a false expression he pressed*
*Den Kuß der Freundschaft auf die Wange*　　　*The kiss of friendship on his cheek,*
*Und in den Leib des Dolches Spitze.*　　　　*And into his body the pointed dagger!*

Judas kam gleich auf Jesus zu und sagte:
„Sei gegrüßt, Rabbi!" Und er küßte ihn.
Jesus erwiderte ihm: „Freund, das ist es,
wozu du gekommen bist." (Mt 26,49f)

Da gingen sie auf Jesus zu, legten Hand an
ihn und nahmen ihn fest. (Mt 26,50)

Judas immediately went over to Jesus, said
to him, "Peace, Rabbi", and embraced
him. Jesus answered, "Friend, do what you
are here for!" (Mt 26,49f)

At that moment they stepped forward to
lay hands on Jesus and arrested him.
(Mt 26,50)

# Der Schlag ins Gesicht

Unangenehme Wahrheiten hört niemand gern. Der eine verschließt vor ihnen die Ohren, der andere dagegen, zumal wenn er seine Stärke auszuspielen gewohnt ist, sucht den zum Schweigen zu bringen, der die „Frechheiten" äußert, die Einsprüche gegen bedenkliche Vorhaben, die Einwände gegen fragwürdige Vorstellungen.

Aus genau diesem Grund bekommt Micha (Michäas) einen Schlag ins Gesicht; er soll sich nicht unterstehen, mit Berufung auf einen prophetischen Auftrag - auch das noch! - seinem König das Kriegsglück zu bestreiten und die Weitsicht der Höflinge bezweifeln, die ihren Herrn schönrednerisch in seinen militärischen Plänen bestärken. Und ebensowenig soll Jesus wagen, mit seinem Messiasdünkel die Autorität des Hohenpriesters anzutasten, wie ein beflissener Gerichtsdiener meint - und ihm mit einer Ohrfeige die geschuldete Unterwürfigkeit beibringen will.

Beide Male soll das „schlagende Argument" den Inhaber der Macht wieder nach oben bringen, den ein prophetisches Wort, ein unbestechliches Urteil, eine beschämende Reinheit und Heiligkeit aus der unverdienten Höhe des Amtes herabgeholt hat. Und zugleich soll es den Anwalt der - göttlichen - Wahrheit *erniedrigen.*

Vor allem als Zeichen der *Erniedrigung* haben wir die Ohrfeige zu verstehen, die ein Gerichtsdiener Jesus versetzt (allein als körperliche Mißhandlung wäre sie den Evangelisten angesichts der Folter der Kreuzigung wohl kaum der Erwähnung wert gewesen). Nicht duckmäuserisch nimmt er sie hin, aber doch im Verzicht auf alle Überlegenheit, die ihm zu Gebote stünde - die „Engel-Legionen seines Vaters"!(vgl. Mt 26,53) Denn seine innerste Gesinnung steht so ganz im Gegensatz zu jener der gekränkten hohen Herren der Welt: „Er war Gott gleich, hielt aber nicht daran fest, wie Gott zu sein, sondern entäußerte sich und wurde wie ein Sklave. Er *erniedrigte* sich und war gehorsam bis zum Tod, bis zum Tod am Kreuz." (Phil 2,6-8)

# The Slap in the Face

No-one likes to hear unpleasant truths. Some people refuse to listen, but others, especially if they are accustomed to show their strength, try to silence the person making the "insolent" remarks, raising objections to questionable plans or doubtful ideas.

This is precisely why Micaiah is slapped in the face. He should not have the impertinence to deny his King's success in battle on the grounds of his prophetic mission, which makes it worse, and to doubt the farsightedness of the courtiers who flatter and encourage their master in his military plans. In the same way Jesus is not supposed to impugn the High Priest's authority with the presumption that he is himself the Messiah. At least, this is what an eager court servant thinks and tries to teach him the due servility with a slap in the face.

In both cases the "argument" of force aims to restore the upper hand to the holder of power when he is challenged in his undeservedly high office by a prophetic word, an incorruptible judgement, a purity and holiness which puts him to shame. At the same time the slap is intended to *humiliate* the representative of God's truth.

We should regard the slap in the face given to Jesus by a court servant primarily as a sign of *humiliation* (the Evangelists would hardly have considered it worth mentioning as physical ill-treatment in view of the torture of the crucifixion). He does not submit to the slap in a servile way but he does refrain from calling on the superior forces which he could command - his father's "armies of angels" (cf. Mt 26,53) because his inner nature is such a complete contrast to that of the rulers of the world who feel offended: "He always has the nature of God, but he did not think that by force he should try to become equal with God. Instead of this, of his own free will he gave up all he had, and took the nature of a servant. He *was humble* and walked the path of obedience all the way to death - his death on the cross." (Phil 2,6-8)

*1 Kön (Kgs) 22,1-28 / 2 Chr 18,1-27 / Joh (Jn) 18,19-23*

Solcher schmähliche Lohn ward dem Michäas auch,
Da er Wahrheit enthüllt' Achab, dem Könige:
Von den Lügenpropheten
gibt ihm einer den Backenstreich.

Micaiah also receives the same ignominious reward,
For revealing the truth to Ahab, the King;
One of the lying prophets
Gives him a blow on the cheek.

# Ruhelos

„Geschaffen hast du uns auf dich hin, und ruhelos ist unser Herz, bis daß es seine Ruhe hat in dir." Das berühmte Wort stammt aus der Einleitung zu den „Bekenntnissen", die der heilige Augustinus über sein bewegtes Leben ablegt. Man müßte schon ein arger Spießer sein, um nicht wie er diese Unruhe in sich zu spüren, diese Ruhelosigkeit des „homo viator", des Menschen, der seinem Wesen nach ein Wanderer ist.

Aber nicht jeder hat die gläubige Gewißheit des Kirchenlehrers, daß auch *sein* Leben nach aller Fahrt und Irrfahrt ans Ziel kommt, nicht jeder betet so vertrauensvoll wie er, daß Gott auch *ihn* einmal für immer in seine Arme schließt, - in die Arme des barmherzigen Vaters, der seinen verlorenen Sohn schon längst erwartet.

„Rastlos und ruhelos werde ich auf der Erde sein", schreit Kain nach dem Mord an Abel; doch seine Ruhelosigkeit treibt ihn, ganz entgegengesetzt, - „fort vom Herrn" (Gen 4,14.16)! Nicht von der Anziehungskraft der Liebe Gottes läßt er sich ergreifen und wegholen aus der Sünde, wie die vielen, für die Augustinus spricht - oder Paulus: „Weißt du nicht, daß Gottes Güte dich zur Umkehr treibt?" (Röm 2,4) -, sondern der Fliehkraft des Bösen überläßt er sich, die ihn immer weiter von Gott und den Menschen fortreißt.

Aber noch viel weniger ist es zu fassen, daß einer der Zwölf, einer, der im innersten Bannkreis der Liebe gelebt hat, in der Ruhelosigkeit seiner Gewissensnot nur noch den Weg des Kain vor sich sieht; daß Judas, dem Jesus auch zuletzt die Anrede „Freund" nicht verweigert hat, - verzweifelter noch als Kain, selbstmörderisch - „winkend und rufend den Tod herbeiholt und sich nach *ihm* sehnt als seinem Freund" (Weish 1,16)!

# Restless

"You have created us to be with you, and our heart is restless until it finds its peace in you." This famous saying is from the introduction to the "Confessions" written by Saint Augustine about his turbulent life. Anyone who does not notice this restlessness in himself, as Saint Augustine did, the restlessness of "homo viator", man who is by nature a wanderer, must be a very unimaginative person.

Not everyone has the devout certainty of the Doctor of the Church that *his* life will also reach its destination after all his wanderings, not everyone prays as trustingly as he that God will at some time embrace *him* also in His arms - the arms of the merciful Father who has been waiting for his lost son a long time.

"I will be a homeless wanderer on the earth", cries Cain after he murders Abel, but his restlessness drives him in exactly the opposite direction - "away from the Lord's presence" (Gen 4,14.16). He is not called away from sin and drawn by the attraction of God's love, like the many for whom Augustine speaks - or Paul: "Surely you know that God is kind because he is trying to lead you to repent?" (Rom 2,4), but he abandons himself to the centrifugal force of evil which drives him further and further from God and men.

It is even less easy to understand how one of the Twelve, one who lived in the innermost circle of love, in the restlessness of his own moral dilemma saw before him only the path taken by Cain. It is impossible to understand how Judas, whom even at the end taken Jesus called his friend, in greater despair than Cain and with thoughts of suicide, "beckoning and calling upon death to approach, longs for him as his friend" (Wisdom 1,16).

*Gen 4,8-16*
*Mt 27,3-10 / Apg (Acts) 1,15-18*

„Zu groß – zu groß ist meine Sünde!"
Ruft er mit Kain, dem Brudermörder.
Wie diesen – rastlos, ruhelos, unversöhnt –
So treibt zum Abgrund wilde Verzweiflung ihn.

"Too great, too great is my sin!"
Cries he with Cain, murderer of a brother!
Like him restless, agitated, unreconciled,
He is seized with terror and despair.

Der Hohepriester befragte Jesus über seine Jünger und über seine Lehre. Jesus antwortete ihm: „Ich habe offen vor aller Welt geredet. Warum fragst du mich? Frag die, die mich gehört haben!" Auf diese Antwort hin schlug einer von den Knechten, der dabeistand, Jesus ins Gesicht. (Joh 18,19f)

Als Judas sah, daß Jesus zum Tode verurteilt war, reute es ihn. Er brachte den Hohenpriestern und Ältesten die Silberlinge zurück und sagte: „Gesündigt habe ich, unschuldig Blut habe ich ausgeliefert." Sie sagten: „Was geht das uns an?" Dann ging er weg und erhängte sich. (Mt 27,3)

The high priest questioned Jesus about his disciples and about his teaching. Jesus answered: "I have spoken publicly to any who would listen. Why do you question me? Question those who heard me when I spoke". At this reply, one of the guards gave Jesus a blow on the face. (Jn 18,19f)

Judas seeing that Jesus had been condemned, began to regret his action deeply. He took the pieces of silver back to the chief priests and elders and said, "I did wrong to deliver up an innocent man". They retorted, "What is that to us?" He went off and hanged himself. (Mt 27,3f)

# Falsches Zeugnis

Der Großgrundbesitzer, der den kleinen Campesino um sein Land und sein Leben bringt, das ist die heutige tausendfach praktizierte Variante des alttestamentlichen Falles Nabot.

Um seinen Besitz abzurunden, will der König von Samarien das Grundstück seines Nachbarn Nabot haben. Der aber beharrt auf seinem Recht und verweigert die Abtretung des väterlichen Erbes. Ärger als der entgangene Landgewinn erregt es den König, daß da einer seine Maxime nicht anerkennen will, die da lautet: Macht ist höchstes Recht. Die Königin weiß Rat: Am eigenen Leib soll es der Widerspenstige erfahren und mit seinem Tod aller Welt vorführen, daß die Maxime noch immer gilt!

Ein Exempel wird an Nabot statuiert, dessen Methoden sich seither kaum geändert haben: Falsche Zeugen treten auf. Falsche Anklagen werden erhoben. Aufrechte Haltung wird als ungesetzlicher Widerstand denunziert, Unbeugsamkeit gegenüber den maßlosen Ansprüchen der „staatstragenden Kreise" als Staatsfeindlichkeit und Volksverhetzung, Treue zur persönlichen religiösen Sendung im Konflikt mit den etablierten Ansichten als Gotteslästerung.

All das wiederholt sich in den Verhandlungen gegen Jesus. Eine zusätzliche Pointe liegt freilich darin, daß Nabots Grundstück, das ihm der König neidete und sich durch den ungerechten Prozeß verschaffen wollte, ein Weinberg war: Hatte sich nicht auch Jesus in einem Gleichnis (Mk 12,1-12) als den einzig legitimen Erben eines Weinbergs vorgestellt und damit die etablierten religiösen Führer herausgefordert, die recht gut herausgehört hatten, was Jesus da beanspruchte: „Ja, der Weinberg des Herrn der Heerscharen ist das Haus Israel" (Jes 5,7)?

Wie auch immer, - Jesus vor Gericht, das heißt: Jesus in der langen Reihe zwischen den Nabots und den Märtyrern unserer Tage. Und doch einsam aus dieser Reihe ragend: der einzige ganz und gar Schuldlose!

# False Testimony

The large landowner who takes away the land and the life of the small peasant is the modern equivalent of the Old Testament case of Naboth.

To round off his property, the King of Samaria wanted to have the vineyard belonging to his neighbour, Naboth. However, Naboth insisted on his rights and refused to sell what he had inherited from his father. What annoyed the King more than losing the land was the fact that here was someone who did not wish to recognise the principle that might is right. The Queen told him what to do: the stubborn Naboth would learn firsthand what it meant, and with his death would show the whole world that the principle still applied.

Naboth's fate shows that these methods have hardly changed since then. False witnesses appear and false charges are made. An upright attitude is denounced as illegal resistance, refusal to comply with the excessive demands of state authorities is denounced as hostility to the State and incitement of the people. If someone's loyalty to his personal religious mission comes into conflict with established opinions this is regarded as blasphemy.

All this is repeated in the proceedings against Jesus. Of course, there is the additional point that the land owned by Naboth of which the King was envious and which he wanted to obtain by an unfair trial, was a vineyard. In a parable (Mk 12, 1-12) had not Jesus also described himself as the only lawful heir of a vineyard, thereby challenging the established religious leaders who realised perfectly well the claims which Jesus was making: "Israel is the vineyard of the Lord Almighty" (Is 5,7)?

However, the fact that Jesus stood trial means that he was one in the long line of martyrs from Naboth to those of the present day. And he is the one who stands out from all the others: the only one who is completely and utterly innocent.

*1 Kön (Kgs) 21,1-13*
*Mt 26,59-63 / Mk 14,55-61*

Wie einst Naboth schuldlos verfolgt, verurteilt
Ward durch falsches Zeugnis als Gottesläst'rer,
So auch Er, des einzige Schuld ist: Wahrheit,
Liebe und Wohltun.

As Naboth was once persecuted innocently,
Condemned as a blasphemer by false testimony,
So He too, whose only offence is truth,
Love and acts of charity.

Die Hohenpriester aber und der ganze Hohe Rat bemühten sich um Zeugenaussagen gegen Jesus, um ihn des Todes schuldig sprechen zu können. *(Mk 14,55)*

Der Hohepriester sprach zu ihm: „Ich beschwöre dich bei dem lebendigen Gott: Sag uns, bist du der Messias, der Sohn Gottes?" Jesus antwortete: „Das sprichst du. Ich jedoch sage euch: Von nun an werdet ihr den Menschensohn sehen: sitzend zur Rechten der Kraft und kommend auf den Wolken des Himmels." Da zerriß der Hohepriester sein Gewand und rief: „Er hat Gott gelästert! Wozu brauchen wir noch Zeugen? Seht, eben habt ihr die Lästerung gehört. Was meint ihr?" Sie antworteten: „Des Todes ist er schuldig." *(Mt 26,63ff)*

The chief priests with the whole Sanhedrin were busy soliciting testimony against Jesus that would lead to his death. *(Mk 14,55)*

The high priest said to him: "I order you to tell us under oath before the living God whether you are the Messiah, the Son of God". Jesus answered: "It is you who say it. But I tell you this; soon you will see the Son of Man seated at the right hand of the Power and coming on the clouds of heaven". At this the high priest tore his robes: "He has blasphemed! What further need have we of witnesses? Remember, you heard the blasphemy. What is your verdict?" They answered. "He deserves death!" *(Mt 26,63ff)*

74

*Eine Magd schaute Petrus an: „Der war auch mit ihm!“ Er leugnete: „Ich kenne ihn nicht, Frau!“ Ein anderer: „Du gehörst zu ihnen!“ Petrus: „Nein, ich nicht!“ Später wieder einer: „Der war mit ihm. Er ist ja auch ein Galiläer!“ Petrus sprach: „Mensch, ich weiß nicht, was du sagst!“*

*Auf der Stelle, noch während er redete, krähte ein Hahn. Da wandte der Herr sich um und blickte Petrus an. Petrus erinnerte sich des Wortes des Herrn, wie er zu ihm gesprochen: Ehe heute der Hahn kräht, wirst du mich dreimal verleugnen. Und er ging hinaus und weinte bitter. (Lk 22,60ff)*

*A servant girl gazed at Peter, "This man was with him". He denied it, "Woman, I do not know him". Someone else: "You are one of them". Peter: "No, not I!" Another: "He was with him, for he is a Galilean". Peter responded: "My friend, I do not know what you are talking about".*

*At the very moment he was saying this, a cock crowed. The Lord turned around and looked at Peter, and Peter remembered the word that the Lord had spoken to him, "Before the cock crows today you will deny me three times". He went out and wept bitterly. (Lk 22,60ff)*

# Wo ist Gott?

Das Leid des Unschuldigen spitzt die Frage nach Gott zu äußerster Schärfe zu. Gott und das Leid zusammenzudenken, dagegen hat sich die natürliche Vernunft immer wieder gesträubt; und wenn sie es doch versuchte, sind ihre Erklärungen wenig überzeugend ausgefallen. Sind die beiden Größen überhaupt miteinander zu vereinbaren?

Dem Leidenden, so die einen, bleibe nur übrig, sich loszusagen von einem Gott, der ein so grausames Spiel mit dem Menschen treibe, – "das Leid ist der Fels des Atheismus" (Georg Büchner)! Die anderen dagegen meinen, die Überzeugung von einem guten und gerechten Gott zwinge den Leidenden, die Ursache seines Loses bei sich selbst, in der eigenen, allemal strafwürdigen Sündhaftigkeit zu suchen. Die einen wie die anderen können nur Spott übrighaben für jene „Unvernünftigen", die im Leiden sowohl an der eigenen Unschuld wie an Gott festhalten wollen.

Iob macht macht diese Erfahrung, als er, von einer Lawine von Schicksalsschlägen niedergeworfen, mit Berufung auf seine Unschuld bei Gott das Recht auf ein anderes Los einklagen will. Seine Freunde fertigen ihn ab: „Wie wäre ein Mensch gerecht vor Gott!" und seine eigene Frau: „Lästere Gott und stirb!" (Ijob 25,4;2,9) Für sie alle ist es eine ausgemachte Sache: am (Über-)Maß seiner Leiden läßt sich ablesen, wie weit der Abstand klafft, der ihn von Gott trennt.

Die Leute, die Jesus die ganze Passion hindurch mit Hohn verfolgen, denken nicht anders. Doch ihr Spott ist noch viel überheblicher! Über Jesus ist ja kein Verhängnis hereingebrochen, von dem sie, anmaßend genug, sagen könnten: Gott hat ihn geschlagen – oder verlassen; sie selber verhängen Folter und Kreuz, und tun dabei geradeso, als wäre *ihr* Verdammungswort der Spruch des Herrn und *ihre* schlagende Faust sein machtvoller Arm.

Und wo ist Gott wirklich? Die Antwort spottet der „Vernunft" der Spötter: „Im Inkognito des letzten Wurms" (J. Ratzinger, vgl. Ps 22,17), zu dem sie Jesus herabgewürdigt haben. - Bei der Auferstehung wird das Inkognito fallen!

# Where is God?

The sufferings of the innocent raise in a very acute form the question of God's existence. Man's natural reasoning power has always resisted thinking of God and suffering together, and when it tried to do so its explanations were not very convincing. Can the two magnitudes be reconciled with each other at all?

According to some, all that a suffering person can do is to renounce a God who plays such a cruel game with mankind – "suffering is the rock of atheism" (Georg Büchner). On the other hand, others say that belief in a good and just God compels the suffering person to seek the cause for his suffering in himself, in his own sinfulness which in any case deserves punishment. The supporters of both views can only pour scorn on the "foolish" people who in their suffering hold firmly to their own innocence and to God.

Job experienced this when, overcome by a sea of troubles, he appealed to God for a different fate on the grounds of his own innocence. His friends dismissed his appeal, "Can anyone be righteous or pure in God's sight?" and his own wife said, "Why don't you curse God and die?" (Job 25,4;2,9). For all of them it is a foregone conclusion: the (excessive) measure of his sufferings shows how great is the distance separating him from God.

The people who pursue Jesus with mockery throughout his suffering think in the same way, but their mockery is even more presumptuous. No disaster has befallen Jesus which could cause them to say, arrogantly enough, that God has struck him down or abandoned him. They themselves inflict torture and crucifixion, acting as if their condemnation were the judgment of the Lord and *their* brute force his powerful arm.

So where is God really? The answer defies the "common sense" of the scoffers: "In the incognito of the last worm" (J. Ratzinger, cf. Ps 22,17) to which they have degraded Jesus. The incognito will be dropped at the resurrection!

*Ijob (Job)*
*Mt 26,67-68 / Mk 14,65*

Im geduldigen Job, dem in tiefster Trübsal
Selbst von seinen Freunden mit Hohn Belad'nen,
Seht ihr vorgebildet das Leid, das für uns
Duldet der Heiland.

In patient Job who in his deepest affliction
Was covered with mockery, even by his friends,
You see prefigured our Saviour's sufferings
Borne for us.

Die Wächter trieben ihren Spott mit Jesus. Sie schlugen ihn, verhüllten ihm das Gesicht und fragten ihn: „Du bist doch ein Prophet! Sag uns, wer hat dich geschlagen?" Und noch mit vielen anderen Lästerungen verhöhnten sie ihn. (Lk 22,63ff)

In der Morgenfrühe faßten die Hohenpriester und die Ältesten des Volkes gemeinsam den Beschluß, Jesus hinrichten zu lassen. Sie ließen ihn fesseln und abführen und lieferten ihn dem Statthalter Pilatus aus. (Mt27,1f)

Meanwhile the guards amused themselves at Jesus' expense. They blindfolded him first, slapped him, then taunted him: "Play the prophet; which one struck you?" And they directed many other insulting words at him. (Lk 22,63ff)

At daybreak all the chief priests and the elders of the people took formal action against Jesus to put him to death. They bound him and led him away to be handed over to the procurator Pilate. (Mt 27,1f)

*Pilatus sagte zu Jesus: „Von woher bist du?" Jesus aber gab ihm keine Antwort. Da sagte Pilatus zu ihm: „Mit mir redest du nicht? Weißt du nicht, daß ich Macht habe, dich freizulassen, und Macht habe, dich zu kreuzigen?" Da antwortete ihm Jesus: „Du hättest keine Macht, wenn sie dir nicht von oben gegeben worden wäre." (Joh 19,10f)*

*Pilate said to Jesus: "Where do you come from?" Jesus would not give him any answer. "Do you refuse to speak to me?" Pilate asked him. "Do you not know that I have the power to release you and the power to crucify you?" Jesus answered: "You would have no power over me whatever unless it were given you from above." (Jn 19,10f)*

Dann nahm Pilatus Jesus und ließ ihn aus-
peitschen. Und die Soldaten flochten einen
Kranz aus Dornen, den setzten sie ihm auf
den Kopf. Auch mit einem Purpurmantel
gewandeten sie ihn, gingen auf ihn zu und
sagten: „Heil dir, König der Juden!" Und
sie schlugen ihn ins Gesicht. (Joh 19,1ff)

Pilate's next move was to take Jesus and
have him scourged. The soldiers then wove
a crown of thorns and fixed it on his head,
throwing around his shoulders a cloak of
royal purple. Repeatedly they came up to
him and said, "All hail, king of the Jews!",
slapping his face as they did so. (Jn 19,1ff)

# Heil dir, König!

„Das Schwache in der Welt hat Gott erwählt, um das Starke zuschanden zu machen. Und das Niedrige und Verachtete hat Gott erwählt: das, was nichts ist, um das, was etwas ist, zu vernichten." (2 Kor 1,27.28) Es wäre unverständlich, wenn sich die Wahrheit dieses biblisch-christlichen Grundsatzes nicht am eindrucksvollsten an Jesus Christus selbst erwiesen hätte:

Da ist der mächtige Pontius Pilatus, der freilassen und kreuzigen kann (vgl. Joh 19,10), wie er will (das Kreuzigen gefiel ihm übrigens besser, wie die Historiker wissen!). Da ist ein lärmender Haufen, wie er sich zu jeder Zeit und an allen Orten zusammenzurotten pflegt, wo man im Schutz der Menge seine Aggressionen austoben kann. Und zwischen ihnen ein zusammengeschlagener Mensch, der amtlich erledigte, weil als Lügen-Messias entlarvte Zimmermannssohn.

Doch nun, was ist von dem einst mächtigen Pontius Pilatus geblieben? Kaum mehr als sein Name, und auch der haftet nur noch wie ein Schmutzfleck am Königsmantel des Jesus von Nazareth, der schon längst kein Spottgewand mehr ist. Denn diesen Jesus hat „Gott über alle erhöht und ihm den Namen verliehen, der größer ist als alle Namen" - und, tatsächlich, vor ihm „beugen sich die Knie", genau wie es der urchristliche Hymnus (Phil 2,5-11) sagt.

Der göttliche Umsturz von Hoheit in Niedrigkeit und von Niederlage in Sieg macht, vergleichbar der photographischen Umkehrung, aus dem „Negativ" der Szene vor dem Palast des Pilatus das „Positiv" der Erhöhung Christi; statt: „Seht, welch ein Mensch!" ist dann zu vernehmen: „Jesus Christus ist der Herr - zur Ehre Gottes, des Vaters." (Phil 2,11)

Die Auswahl des alttestamentlichen Vorbilds zu dieser Episode zielt denn auch auf den österlichen Glanz, in den Gott die Passionsdüsternis umwertet, das Lebende Bild zeigt einen Triumph: Josef, aus Sklaverei und Kerker zum ägyptischen (Vize-)König erhöht, nimmt die Huldigung der Volksscharen entgegen, die ihn als ihren Retter (vor drohender Hungersnot) erkannt haben.

# Hail, o King!

"God chose what the world considers weak in order to shame the powerful. He chose what the world looks down on and despises, and thinks is nothing, in order to destroy what the world thinks is important" (1 Cor 1,27.28). It would be difficult to understand if the truth of this Christian principle of the Bible had not been shown most impressively in Jesus Christ himself.

There is the powerful Pontius Pilate, who can release people or crucify them (cf. Jn 19,10) as he thinks fit (but he likes crucifixion better, as historians know). There is a noisy mob of the sort which gathers at any place at any time, in which individuals can work off their aggressions under cover of the crowd. And between them a man is beaten up, officially disposed of because he is a carpenter's son who has been unmasked as a false Massiah.

But what remains now of the once powerful Pontius Pilate? Hardly more than his name clinging like a spot of dirt to the kingly mantle of Jesus of Nazareth, which has long ceased to be an object of mockery because God raised this Jesus "to the highest place above and gave him the name that is greater than any other name". Indeed, before him "all beings will fall on their knees", exactly as the old Christian hymn says (Phil 2,5-11).

God's reversal of individuals' positions so that those with power find themselves with none and those who were defeated find themselves victorious is rather like a photographic process whereby a negative becomes a positive. Thus the negative of the scene before Pilate's palace changes into the positive of the elevation of Christ. Then, instead of, "Behold the man" we hear "Jesus Christ is Lord, to the glory of God the Father" (Phil 5,11).

The choice of the Old Testament prefiguration of this episode looks forward to the Easter radiance into which God changes the darkness of the Passion. The tableau vivant shows a triumph. Joseph, after slavery and imprisonment is appointed governor of Egypt and accepts the homage of the crowds who recognise him as their saviour from the famine that threatened.

*Gen 41,41-43*
*Mt 27,27-30 / Mk 15,16-19 / Joh (Jn) 19,2-5*

Wie anders stand einst vor dem Ägyptervolk
Joseph! Freudengesang, Jubel umbrauste ihn!
Als der Retter Ägyptens
Ward er feierlich vorgestellt!

How differently before the people of Egypt once
Stood Joseph! Songs of joy surrounded him.
As the saviour of Egypt
He was presented with all festivity.

*Seht den König!*

*Look at the king!*

# Der eine frei, der andere geopfert

Religiöse Opfer von Tieren oder gar von Menschen sind für uns fast unbegreifliche Erscheinungen aus einer anderen Welt. Doch unsere Sprache hält den Zugang zu diesen Dingen nach wie vor offen. Wir sprechen, auf der einen Seite, betroffen von den Opfern eines Krieges, eines Verbrechens oder eines Unfalls; auf der anderen Seite rühmen wir, wenn Menschen sich in der völligen Hingabe an ein Ideal oder für den Nächsten opfern. Die einen Opfer erregen unser Entsetzen über das Schlimme in der Welt, die andern wecken in uns Hoffnung auf eine bessere Welt.

Der dunkle und der lichte Aspekt des Opfers sind im Ritual des jüdischen Versöhnungsfestes aufs äußerste gesteigert, veranschaulicht an zwei Böcken. Nach einem Losentscheid wird einer von ihnen, seiner Fesseln ledig, in die Wüste geschickt, um dort nur umso elender dem Dämon Asasel zu verfallen, der andere dagegen endet, Gott wohlgefällig, sein Leben im heiligen Bezirk des Tempels.

Darin sieht das Passionsspiel die Entscheidung zwischen Barrabas und Jesus vorgebildet. Barrabas kommt frei, wie es die Priesterkaste und der Pöbel - keineswegs das ganze jüdische Volk! - fordern; ungestraft mag er, der Mörder, gehen, wohin er will, und dem Bösen verschrieben bleiben. Jesus aber wird ans Kreuz geliefert; die Prophetie des Jesaja geht in Erfüllung: *„Wie ein Lamm*, das man zum Schlachten führt, so tat auch er seinen Mund nicht auf". (53,7)

Aller - ohnehin vergebliche - kultische Opferbetrieb findet damit ein Ende, wie der Hebräerbrief herausstellt; denn Jesus, so heißt es dort, ist mit seinem Opfergang *ein für allemal* in das Heiligtum hineingegangen, nicht mit dem Blut von Böcken und Stieren, sondern mit seinem eigenen Blut, und so hat er eine ewige Erlösung bewirkt." (9,12)

# One Free, the Other Sacrificed

The religious sacrifice of animals or even humans is for us an almost incomprehensible phenomenon from another world. But our language still preserves this idea. On the one hand we speak with dismay of the sacrifices of a war, the victims of a crime or accident. On the other we speak highly of those who sacrifice their own lives in complete dedication to an ideal or for their fellow men. Sacrifices of the first kind make us feel shocked by the evil in the world, sacrifices of the other kind create in us hope for a better world.

The dark and the light aspects of sacrifice are intensified to an extreme degree in the ritual of the Jewish Feast of Atonement, symbolised by two goats. After lots are drawn the fetters are taken from one goat and the animal is sent into the desert where it will fall an even more wretched victim to the demon Asasel, while the other, well pleasing to God, ends its life in the holy precinct of the temple.

The Passion Play sees this as a prefiguration of the choice between Barabbas and Jesus. Barabbas is released because this is demanded by the caste of priests and the mob, but certainly not by the whole Jewish people. Barabbas, the murderer, can go unpunished wherever he wants and carry on doing evil. Jesus, however, is delivered over to the cross. Isaiah's prophecy is fulfilled: "He never said a word, *like a lamb* about to be slaughtered." (53,7)

This is how all religious sacrifices come to an end, and they are in any case futile, as the letter to the Hebrews emphasises. It says that, with his sacrifice, Jesus "entered *once and for all* into the Most Holy Place, He did not take the blood of goats and bulls to offer as a sacrifice; rather, he took his own blood and obtained eternal salvation for us." (9,12)

*Lev 16,1-28 / Hebr 9,10*
*Mt 27,15-26 / Mk 15,6-15 / Lk 23,18-25 / Joh (Jn) 18,39-40*

Des Alten Bundes Opfer dies,
Wie es der Höchste bringen hieß!
Das Blut der Böcke will der Herr
Im neuen Bunde nimmermehr,
Ein Lamm, von allem Makel rein,
Muß dieses Bundes Opfer sein!

This is the sacrifice of the old covenant,
As the Highest ordained.
In the new covenant the Lord
No longer requires the blood of goats,
A lamb, pure of all blemish,
Must be the offering of this covenant.

Pilatus ließ Wasser bringen, wusch sich vor allen Leuten die Hände und sagte: „Ich bin unschuldig am Blut dieses Menschen." (Mt 27,24)

Da lieferte er Jesus aus, damit er gekreuzigt würde. (Joh 19,16)

Pilate called for water and washed his hands in front of the crowd declaring as he did so, "I am innocent of the blood of this man". (Mt 27,24)

In the end, Pilate handed Jesus over to be crucified. (Jn 19,16)

# Auf dem Weg zum Opfer

Zu den kaltherzigsten Zeugnissen diktatorischer Justiz gehören die Rechnungen, die den Angehörigen eines Hingerichteten auch noch die Kosten der Tötung, auf Heller und Pfennig aufgelistet, abfordern. Aus der Hinterlassenschaft des Delinquenten, also letzlich von diesem selbst, läßt sich die Obrigkeit ihr Henkersgeschäft bezahlen. Auch zur Zeit Jesu gab es schon die „Selbstbeteiligung" an der Urteilsvollstreckung; zur Kreuzigung mußte der Verurteilte auf dem eigenen Rücken sein Marterinstrument zur Todesstätte hinaustragen. Soweit der rein menschliche - nein, unmenschliche - Aspekt der Sache!

Um ihren religiösen Gesichtspunkt zu verdeutlichen, greift das Lebende Bild die Erzählung von der Glaubensprobe Abrahams auf; denn keine alttestamentliche Figur sieht dem kreuztragenden Jesus ähnlicher als Abrahams Sohn Isaak, der ebenfalls das Holz auf den Berg hinaufschleppt, wo er geopfert werden soll.

Die Übereinstimmung im Sichtbaren (dem in einem Schau-Spiel verständlicherweise für sich allein schon großes Gewicht zukommt) ist offenkundig. Aber gerade auch die Abgründe, die sich hinter der Schauseite der beiden „Prozessionen" auftun, sind einander ähnlich. Nach außen hin dieselbe ruhige Ergebenheit und Geduld eines gehorsamen Sohnes. Dahinter ein Drama: grenzenloses Bangen *und* Vertrauen, mit dem sich der Sohn dem Vater ausliefert, ungebrochene Liebe *und* Unerbittlichkeit, mit der der Vater den Sohn zum Opferaltar geleitet - schwindelerregend für den, der versucht, es begreifen zu wollen; es sei denn vom Ende her, wo die alles heilende und versöhnende Liebe Gottes triumphiert.

# On the Path to the Sacrifice

Among the most cold-hearted aspects of dictatorial justice were the bills which the relatives of an executed person had to pay for the costs of killing him, listed down to the last penny. The authorities had the business of execution paid for out of the property left by the criminal, i. e. by the criminal himself. Also in Jesus' time the victim had to make his own contribution to carrying out the sentence. A man condemned to crucifixion had to carry, on his own back, the instrument of his martyrdom to the place of death. This is the purely human - or rather, inhuman - aspect of the matter.

To illustrate its religious point of view, the tableau vivant shows the story of the test of Abraham's faith. The Old Testament figure who most resembles Jesus carrying the cross is Abraham's son Isaac, who drags the wood up the hill where he is to be sacrificed.

The visual correspondence, which is understandably in itself very important in a stage play, is obvious. However, the depths of affliction which open up behind the outward appearance of the two "processions" are also similar. Outwardly there is the same serene resignation and patience of an obedient son, but behind is the drama: immense anxiety *and* the trust with which the son surrenders to the father, the unbroken love *and* pitilessness with which the father leads the son to the sacrificial altar. It is totally perplexing to anyone who tries to comprehend it, unless it is approached from the ultimate end, when God's healing and reconciling love triumphs.

*Gen 22,1-18*
*Mt 27,31-33 / Mk 15,20-22 / Joh (Jn) 19,17*

Einst trug Isaak willig auf seinem Rücken
Das Opferholz auf die Bergeshöhe,
Wo er selbst als Opfer bestimmt war nach dem
Willen des Herrn.

Isaac once carried upon his own shoulders
Wood for sacrifice to the montain top,
Where he himself was intended for sacrifice
By the will of the Lord.

*Dann führten sie Jesus hinaus zur Kreuzigung. (Mt 27,31)*
*Maria: „Ach, so sehe ich ihn, zum Tode geführt, einem Missetäter gleich zwischen Missetätern!"*

*Afterward they led him off to crucifixion. (Mt 27,31)*
*Mary: "Alas, I see him led to death like a criminal between the other criminals".*

Als sie Jesus hinausführten, ergriffen sie einen Mann aus Zyrene, namens Simon, der gerade vom Feld kam. Ihm luden sie das Kreuz auf, damit er es hinter Jesus hertrage. (Lk 23,26)

As they led him away, they laid hold of one Simon the Cyrenean who was coming in from the fields. They put the cross on Simon's shoulder for him to carry along behind Jesus. (Lk 23,26)

„Ihr Töchter Jerusalems, weint nicht über mich, weint über euch und eure Kinder! Denn es kommen Tage, da man sagt: ‚Selig die Unfruchtbaren und die Leiber, die nicht geboren, und die Brüste, die nicht gestillt haben!' Dann wird man zu den Bergen sagen: ‚Fallt auf uns!' Und zu den Hügeln: ‚Deckt uns zu!' Denn wenn das am frischen Holz geschieht, was wird erst am dürren geschehen?" (Lk 23,28ff)

Sie teilen meine Kleider unter sich,
Und werfen das Los um mein Gewand.
(Ps 22,29)

"Daughters of Jerusalem, do not weep for me. Weep for yourselves and for your children. The days are coming when they will say, 'Happy are the sterile, the wombs that never bore and the breasts that never nursed.' Then they will beginn saying to the montains, 'Fall on us,' and to the hills, 'Cover us.' If they do these things in the green wood, what will happen in the dry?" (Lk 23,28ff)

They divided my garments among them,
And for my vesture they cast lots.
(Ps 22,29)

# Rettender Aufblick

Dieses Bild geht nicht auf einen findigen Theologen zurück, Jesus selbst hat die Art seines Todes in ihm wiedererkannt: „Wie Moses die Schlange in der Wüste erhöht hat, so muß der Menschensohn erhöht werden." (Joh 3,14)

Als Strafe für ihre Auflehnung gegen Gott erleben die Israeliten am Ende ihrer Wüstenwanderung eine Schlangenplage. Doch Gott will nicht den Tod der Sünder. Jeder, der gebissen wird, bleibt am Leben, wenn er nur zu der Kupferschlange aufblickt, die Moses an einer Fahnenstange aufgehängt hat. - Eine seltsame Bedingung fürs Überleben, den Blick ausgerechnet auf das todbringende Wesen heften zu müssen.

Aus eigener Erfahrung wissen wir, daß es keine Aufarbeitung von Schuld gibt, wenn man sie nicht deutlich vor Augen hat. Das Übel nicht sehen wollen, es aus dem Bewußtsein verdrängen, heißt sein Zerstörungswerk ungehindert weitergehen lassen.

Darum müssen die Isrealiten den hilfesuchenden Blick auf die Kupferschlange richten. Nur über dieses Zeichen, das sie an den eigenen Ungehorsam, den letzten Grund ihrer Not, erinnert, - nicht in einem großen Bogen darum herum - läßt sich der vergebende, rettende Gott erreichen.

Wenn die Menschen aber gar erst „auf den blicken, den sie durchbohrt haben" (Sach 12,10/Joh 19,37), fällt ihr Blick auf beides in einem: auf die Sünde - denn sie hat Christus ans Kreuz geschlagen - *und* auf den Erlöser - denn „er hat unsern Schuldschein dadurch getilgt, daß er ihn ans Kreuz geheftet hat" (Kol 2,14). - Nirgends ist dieses unlösliche Ineinander von Schuld und Erlösung präziser gefaßt als in dem verwegenen Wort des Osterjubels, in den alle Passion mündet: „O glückliche Schuld, welch großen Erlöser hast du gefunden!"

# The Sight which Brings Salvation

This tableau was not invented by an ingenious theologian, Jesus himself recognised that this was how he would die: "As Moses lifted up the bronze snake on a pole in the desert, in the same way the Son of Man must be lifted up". (Jn 3,14)

At the end of their wandering in the desert the Israelites suffer a plague of snakes as a punishment for their rebellion against God, but God does not want the death of sinners. Anyone who is bitten will not die if he looks up to the bronze snake which Moses hangs on a pole. Surely, to have to look precisely at the creature that brings death is a strange condition for survival?

We know from our own experience that we cannot purge ourselves of guilt unless we have it clearly before our eyes. To refuse to see evil, to dismiss it from our mind means allowing it to continue its work of destruction.

This is why the Isrealites seek help by looking at the bronze snake. The forgiving, saving God can only be reached through this symbol which reminds them of their own disobedience, the ultimate reason for their plight. They cannot reach God by trying to go around it.

But if "people will look at him whom they pierced" (Zech 12,10/Jn 19,37) they will see two things at once: the sin - because sin nailed Christ to the cross - *and* the redeemer - because "he cancelled the unfavourable record of our debts by nailing it to the cross" (Col 2,14). These interlocking concepts of guilt and redemption are summarised nowhere more accurately than in the daring words of rejoicing at Easter to which all suffering leads: "Oh happy guilt, what great redemption hast thou found!"

*Joh (Jn) 3,14*
*Num 21*

Denn wie aufgerichtet dort in der Wüste
Heilung brachte der Ehernen Schlange Anblick,
So kommt Trost und Segen und Heil auch uns vom
Stamme des Kreuzes.

For as the people were healed by the sight
Of the brazen serpent raised in the desert,
So also we receive consolation, blessing and redemption
From the tree of the cross.

# PSALM 22

Mein Gott, mein Gott, warum hast du mich verlassen,
bist fern meinem Schreien, den Worten meiner Klage?
Mein Gott, ich rufe bei Tag, doch du antwortest nicht,
bei Nacht - und finde keine Ruhe.

Aber du bist heilig,
du thronst über dem Lobpreis Israels!
Auf dich haben unsere Väter vertraut,
sie haben vertraut und du hast sie gerettet.
Zu dir riefen sie und wurden befreit,
auf dich haben sie vertraut und wurden nicht zuschanden.

Ich aber bin ein Wurm und kein Mensch,
der Leute Spott, vom Volk verachtet.
Alle, die mich sehen, verlachen mich,
verziehen die Lippen, schütteln den Kopf:
„Er wälze die Last auf den Herrn,
der soll ihn befreien!
Der reiße ihn heraus,
wenn er an ihm Gefallen hat!"
Du bist es, der mich zog aus dem Mutterschoß,
mich barg an der Brust der Mutter.
Von Geburt an bin ich geworfen auf dich,
von Mutterleib an bist du mein Gott.

Sei mir nicht fern, denn die Not ist nah,
und niemand ist da, der hilft!

Viele Stiere umgeben mich,
Büffel von Baschan umringen mich.
Sie sperren ihre Rachen gegen mich auf,
reißende, brüllende Löwen.
Hingeschüttet bin ich wie Wasser,
all meine Glieder haben sich gelöst.
Mein Herz ist wie Wachs in meinem Leib zerflossen.
Trocken wie eine Scherbe ist meine Kehle,
die Zunge klebt mir am Gaumen,
du legst mich in den Staub des Todes.

Denn Hunde umlagern mich,
eine Rotte von Bösen umkreist mich.
Sie durchbohren mir Hände und Füße.
Zählen kann man all meine Knochen;
sie gaffen und weiden sich an mir.

Sie teilen meine Kleider unter sich
und werfen das Los um mein Gewand.

Du aber, Herr, halte dich nicht fern!
Du, meine Stärke, eile mir zu Hilfe!
Entreiße dem Schwert mein Leben,
mein einzig Gut aus der Gewalt der Hunde!
Rette mich vor dem Rachen des Löwen,
Vor den Hörnern der Büffel mich Armen!

Ich will deinen Namen meinen Brüdern verkünden,
inmitten der Gemeinde dich preisen.
Die ihr den Herrn fürchtet, preiset ihn,
ihr alle vom Stamme Jakobs, rühmet ihn;
erschaudert vor ihm, alle Nachkommen Israels!
Denn er hat nicht verachtet,
nicht verabscheut das Elend des Armen.
Er verbirgt sein Antlitz nicht vor ihm;
er hat auf sein Schreien gehört.
Deine Treue ist mein Lob in großer Gemeinde;
Ich erfülle meine Gelübde vor denen, die Gott fürchten.
Die Armen sollen essen und sich sättigen,
den Herrn sollen preisen, die ihn suchen.
Aufleben soll euer Herz für immer!

Alle Enden der Erde sollen daran denken,
und werden umkehren zum Herrn,
vor ihm werden sich niederwerfen alle Stämme der Völker.
Denn der Herr regiert als König;
er herrscht über die Völker.
Vor ihm allein sollen niederfallen die Mächtigen der Erde,
vor ihm sich niederwerfen, die im Staube ruhn.

Meine Seele, sie lebt für ihn;
mein Stamm wird ihm dienen.
Vom Herrn wird man erzählen dem Geschlecht der Kommenden,
seine Heilstat wird man künden dem künftigen Volk;
denn er hat das Werk getan.

My God, my God, why have you forsaken me,
far from my prayer, from the words of my cry?
O my God, I cry out by day, and you answer not;
by night, and there is no relief for me.

Yet you are enthroned in the holy place,
O glory of Israel!
In you our fathers trusted,
they trusted, and you delivered them.
To you they cried, and they escaped;
in you they trusted, and they were not put to shame.

But I am a worm, not a man;
the scorn of man, despised by the people.
All who see me scoff at me;
they mock me with parted lips, they wag their heads:
"He relied on the LORD;
let him deliver him,
let him rescue him, if he loves him."
You have been my guide since I was first formed,
my security at my mother's breast.
To you I was committed at birth,
from my mother's whomb you are my God.
Be not far from me, for I am in distress;
be near, for I have no one to help me.

Many bullocks surround me;
the strong bulls of Bashan encircle me.
They open their mouth against me
like ravening and roaring lions.
I am like water poured out;
all my bones are racked.
My heart has become like wax melting away within my bossom.
My throat is dried up like baked clay,
my tongue cleaves to my jaws;
to the dust of death you have brought me down.

Indeed, many dogs surround me,
a pack of evildoers closes in upon me;
They have pierced my hands and my feet;
I can count all my bones.

They look on and gloat over me;
they divide my garments among them,
and for my vesture they cast lots.

But you, O LORD, be not far from me;
O my help, hasten to aid me.
Rescue my soul from the sword,
my loneliness from the grip of the dog.
Save me from the lions mouth;
from the horns of the wild bulls, my wretched life.

I will proclaim your name to my brethren;
in the midst of the assembly I will praise you:
"You who fear the Lord, praise him;
all you descendants of Jacob, give glory to him;
revere him, all you descendants of Israel!
For he has not spurned nor disdained the wretched man in his misery,
Nor did he turn his face away from him,
but when he cried out to him, he heard him."
So by your gift will I utter praise in the vast assembly;
I will fulfill my vows before those who fear him.
The lowly shall eat their fill;
they who seek the LORD shall praise him: "May your hearts be ever merry!"

All the ends of the earth shall remember and turn to the LORD;
All the families of the nations shall bow down before him.
For dominion is the LORD's,
and he rules the nations.
To him alone shall bow down all who sleep in the earth;
Before him shall bend all who go down into the dust.

And to him my soul shall live;
my descendants shall serve him.
Let the coming generation be told of the LORD
That they may proclaim to a people yet to be born
the justice he has shown.

Über seinem Kopf brachten sie seine Schuld schriftlich an: DAS IST JESUS, DER KÖNIG DER JUDEN.

Mit ihm zusammen werden zwei Aufrührer gekreuzigt, einer zur Rechten und einer zur Linken.

Die Vorübergehenden lästerten ihn, schüttelten den Kopf und sagten: „Du reißt den Tempel nieder und baust ihn in drei Tagen wieder auf; rette dich selbst, wenn du Gottes Sohn bist!" Und: „Steig herab vom Kreuz!" Desgleichen höhnten auch die Hohenpriester samt den Schriftgelehrten und Ältesten. Sie sagten: „Andere hat er gerettet, sich selbst kann er nicht retten! Er ist doch der König von Israel! Er soll vom Kreuz herabsteigen, dann werden wir an ihn glauben. Er hat auf Gott vertraut, der soll ihn jetzt retten, wenn er an ihm Gefallen hat. Er hat doch gesagt: Ich bin Gottes Sohn." (MT 27,37ff)

Above his head they had put the charge against him in writing: "THIS IS JESUS, KING OF THE JEWS."

Two insurgents were crucified along with him, one at his right and one at his left. Peopel going by kept insulting him, tossing their heads and saying: "So you are the one who was going to destroy the temple and rebuild it in three days! Save yourself, why don't you? Come down off that cross if you are God's Son!"

The chief priests, the scribes, and the elders also joined in the jeering: "He saved others but cannot save himself! So he is the king of Israel! Let's see him come down from that cross and then we will believe in him. He relied on God; let God rescue him now if he loves him. After all he claimed, 'I am God's Son.'" (Mt 27,37ff)

104

Maria: „Einst zu Bethlehem - jetzt auf Kalvaria - erfüllt ist, was der Vater dir vorgezeichnet hatte. Mein Sohn, durch Hände und Füße haben sie dir Nägel getrieben, das Herz mit einem Speer durchbohrt! Dein Leiden und dein bittrer Tod durchdrang gleich einem Schwert meine Seele."

Joseph von Arimathäa nahm den Leichnam herab, hüllte ihn in Linnen und legte ihn in ein Felsengrab, in dem noch niemand bestattet war. Das war am Rüsttag, kurz vor Anbruch des Sabbats. Die Frauen, die mit Jesus aus Galiläa gekommen waren, gaben ihm das Geleit und sahen zu, wie der Leib in das Grab gelegt wurde. (Lk 23,53ff)

Mary: "Once before at Bethlehem, now at Calvary, the part with the Father marked out for you is at an end. My son, they have driven nails through your hands and feet and pierced your heart with a spear. Your sufferings and bitter death went through my soul like a sword".

Joseph of Arimathea took the body down, wrapped it in fine Linen, and laid it in a tomb hewn out of the rock, in which no one had yet been buried. That was the Day of Preparation, and the sabbath was about to begin. The women who had come with Him from Galilee followed along behind. They saw the tomb and how his body was buried. (Lk 23,53ff)

„Fürchtet euch nicht! Ich weiß, ihr sucht Jesus, den Gekreuzigten. Er ist nicht hier! Denn auferweckt ward er, wie er gesprochen." *(Mt 28,5f)*

"*Do not fear. I know you are looking for Jesus the crucified. He is not here. He has been raised, as he promised*". *(Mt 28,5f)*

Maria stand weinend am Grab. Wie sie da weinte, bückte sie sich ins Grab hinein. Sagt Jesus zu ihr: Maria! Die wendet sich um und sagt hebräisch zu ihm: Rabbuni! Das heißt: Lehrer! Sagt Jesus zu ihr: Halt mich nicht fest! Denn noch bin ich nicht zum Vater aufgestiegen. Doch geh zu meinen Brü- dern und sag ihnen: Ich steige auf zu mei- nem Vater und eurem Vater, zu meinem Gott und eurem Gott. (aus Joh 20,11ff)

Mary stood weeping beside the tomb. Even as she wept, she stooped to peer inside. Jesus said to her, "Mary!" She turned to him and said (in Hebrew), "Rabbuni!" (meaning "Teacher"). Jesus then said: "Do not cling to me, for I have not yet ascended to the Father. Rather, go to my brothers and tell them, 'I am ascending to my Father and your Father, to my God and your God!'" (from Jn 20,11ff)

*Er ist erstanden! Jubelt, ihr Himmlischen!*
*Er ist erstanden! Jubelt, ihr Sterblichen!*
*Der Löwe aus dem Stamme Juda,*
*Er hat der Schlange den Kopf zertreten.*
*Jetzt zieht er ein zur höchsten Verherrlichung,*
*Dort, wo er alle um sich sammelt,*
*Die er erkauft hat mit seinem Blute,*
*Dort, wo ertönt das ewige Siegeslied:*
*„Lob sei dem Lamme, welches getötet war!"*

He is risen! Rejoice you heavenly hosts!
He is risen! Rejoice you mortals all!
The lion from the tribe of Judah
Has trodden down the head of the serpent.
Now He ascends to the highest glory
Where He will gather round Him
All whom He has redeemed with His blood,
Where the eternal song of victory resounds:
"Praise be to the lamb who was slain!"

# Der Weg

Das Lebende Bild folgt zuletzt nicht mehr seiner Regel, es gibt seine Starre auf und gerät in *Bewegung;* seiner „pädagogischen" Absicht bleibt es damit aber nur treu. Im Verlauf des Spieles wollte es immer wieder zu nachdenklichem Verweilen führen, am Ende aber zur Einsicht, daß alles Betrachten umsonst wäre, wenn es den Schauenden nicht *bewegte* - im wörtlichen Sinn:

Das ganze Spiel will doch letztlich nichts anderes, als seine Betrachter dazu bringen, sich, neu entschlossen und zielbewußt, *auf ihren Weg zu machen.* Die Schlußszene spielt deshalb auf den Theaterbrettern die *Bewegung* vor, die nach dem Ende des Stückes jedem Zuschauer auf der Bühne des wirklichen Lebens -„zum Schauspiel für die Welt, für Engel und Menschen" (1 Kor 4,9) - von neuem aufgetragen ist: dem Licht Gottes zuzustreben.

Der Christ weiß - und die Figuren auf dem Podium machen es augenfällig -, daß er dabei nicht an Jesus Christus vorbeikommt; denn dieser ist ja in persona *„der Weg"* (Joh 14,6). „Gebahnt wurde der Weg durch die Menschwerdung des Sohnes Gottes. Gewiesen durch sein liebendes Bei-uns-sein. ‚Weg' bedeutet, daß in Christus Gott zu uns gekommen; und wiederum, daß in Ihm die Menschennatur ganz und rein auf Gott gerichtet ist. ‚Den Weg gehen' kann infolgedessen nichts anderes heißen, als in den lebendigen Christus einzugehen und lebend, handelnd ‚in ihm zu bleiben'. Gangbar aber wurde der Weg, als Jesus im Heiligen Geiste auferstand und verwandelt, verklärt wurde:" (R. Guardini).

Mehr könnte das Oberammergauer Spiel demnach nicht erreichen, als wenn sich sein Betrachter das Apostelwort zu eigen machen würde: „Christus will ich erkennen und die Macht seiner Auferstehung und die Gemeinschaft mit seinen Leiden; sein Tod soll mich prägen. So hoffe ich, auch zur Auferstehung von den Toten zu gelangen. Ich sage nicht, ich hätte das Ziel schon erreicht und sei vollkommen. Aber ich jage ihm nach und greife aus nach ihm, da ich selbst von Christus Jesus ergriffen worden bin." (Phil 3,10-12)

Hermann Müller (Texte zu allen Lebenden Bildern)

# The Way

The final tableau vivant does not follow the rules, it ceases to be immobile and begins to move. At the same time it remains faithful to its "educational" aim. The purpose of the tableaux vivants in the course of the play is to give constant pauses for contemplation, but the final tableau is to show that all meditation would be in vain if it does not *move* the spectator - in the literal sense of the word.

After all, the whole play really aims to persuade those who watch it to go on their way with new dertermination and awareness of a purpose. Therefore the final scene acts out on the stage the *movement* towards the light of God to which every spectator on the stage of real life - "as a spectacle for the whole world of angels and of mankind" (1 Cor 4,9) - should be impelled anew after the end of the play.

The Christian knows - and the figures on the stage make this manifest - that in doing this he cannot avoid Jesus Christ because he is "the way" (Jn 14,6) in person. "The way was prepared by the Son of God becoming man and shown by his being with us in love. 'Way' means that God came to us in Christ and, furthermore, that in Christ man's nature is directed purely and entirely towards God. Therefore 'to go the way' can only mean to enter into the living Christ and 'to stay in him' in one's life and deeds. But the way was opened when Jesus rose again and was transformed and transfigured in the Holy Spirit". (R. Guardini)

Therefore the most that the Oberammergau Play could achieve is for those who see it to adopt the words of the apostle: "All I want is to know Christ and to experience the power of his resurrection, to share in his sufferings and become like him in his death, in the hope that I myself will be raised from death to life. I do not claim that I have already succeeded or have already become perfect. I keep striving to win the prize for which Christ Jesus has already won me to himself." (Phil 3,10-12).

Hermann Müller (Texts to all of the Tableaux Vivants)

OBERAMMERGAU

# Das Dorf an der Ammer

### Die Anfänge

Ammergau - der Name steht für die Landschaft am Oberlauf der Ammer, deren Mittelpunkt erst im Laufe des hohen Mittelalters eine Siedlung gleichen Namens geworden war: das Dorf Oberammergau. Der Name des kleinen Flusses und der Name Kofel für den charakteristischen Felsabsturz hoch über dem Dorf weisen auf altes keltisches Siedlungsgebiet; Ammer bedeutet „kleines Wasser" und Kofel „Bergkegel". Auf die Kelten folgten die Bajuwaren, deren Spuren im Tal bis ins 6. Jahrhundert nach Christus zurückreichen. Noch im frühen Mittelalter wird der ganze Gau, den Lech hinauf bis ins Gebirge und der Ammer entlang bis zu ihrem Ursprung, welfisch. So ist es verständlich, daß die Welfengründung Rottenbuch (1073) die kirchliche Vorrangstellung im östlichen Teil dieses Welfenlandes einnimmt. Das Archidiakonat Rottenbuch, wie man den Sprengel nannte, umfaßte auch die Urpfarrei Ammergau, die bis Bayersoien und Kohlgrub reichte; die Pfarrei blieb rottenbuchisch bis zur Säkularisation der Klöster im Jahre 1803.

Beim Tod des letzten süddeutschen Welfen im Jahre 1191 wurde das Welfenland staufisch und kam 1269 als sogenanntes Konradinisches Erbe an das Haus Wittelsbach und somit an Bayern. Als dann Kaiser Ludwig der Bayer 1330 das Kloster Ettal gründete, schenkte er seine Güter im Ammergau, die aus diesem „Erbe" stammten, der neuen Stiftung. Dadurch wurde die Abtei Ettal zur unmittelbaren weltlichen Obrigkeit des Dorfes, während Rottenbuch das Kirchenwesen betreute. Ein halbes Jahrtausend blieb das so, bis zum Ende des alten Reiches und der alten Ordnung in den Jahren 1803 und 1806.

### „Nur ein Dorf"

Keine ganze Autostunde von Oberammergau entfernt liegt draußen im Schwäbischen die *Stadt Markt*ober*dorf,* ursprünglich ein kleines Dorf, das 1453 zum Marktflecken arrivierte und 1953 zur Stadt erhoben wurde. Dieser „Werdegang" kommt in der Namengebung deutlich zum Ausdruck. Oberammergau ist dagegen Dorf geblieben, ja die Bezeichnung „Dorf", die etwas Ländliches, Kleines, Bescheidenes andeutet, ist eher zum Ehrentitel für diese Gemeinde von 5000 Einwohnern geworden, die doch so großes Ansehen errungen und fast in der ganzen westlichen Welt einen guten Namen hat. Es ist dieses Oberammergau also „nur ein Dorf", allerdings ein besonders.

Die wirtschaftliche Bedeutung des Dorfes Oberammergau beschränkte sich im Mittelalter auf das Niederlagsrecht für Waren, die von Augsburg über Schongau nach dem Süden geführt wurden. Die Verdienstmöglichkeiten waren jedoch eher bescheiden, und auch die Landwirtschaft war längst an ihre Grenzen gestoßen.

# The village on the Ammer

### Beginnings

"Ammergau" means the country around the upper course of the Ammer, the centre of which became a settlement only in the course of the High Middle Ages - the village of Oberammergau. The name of the small river and the name "Kofel" for the characteristic rocky precipice high above the village indicate an old Celtic settlement area. "Ammer" means "small river" and a "Kofel" is a cone-shaped mountain. The Celts were followed by the Bavarians, whose traces in the valley go back to the 6th century after Christ. In the Early Middle Ages the whole district upwards along the River Lech into the mountains and along the Ammer fell into the possession of the Guelphs as far as the source of the Ammer. This is why the Guelph foundation of Rottenbuch (1073) became the ecclesiastical centre in the eastern part of this land of the Guelphs. The Archdeaconry of Rottenbuch, as the region was called, also included the original parish of Oberammergau, which extended to Bayersoien and Kohlgrub. The parish remained under Rottenbuch until the secularisation of the monasteries in 1803.

On the death of the last in southern Germany Guelph in 1191 their lands fell to the Hohenstaufens and, in 1269, formed the so-called Conradine Inheritance which passed to the House of Wittelsbach and thereby to Bavaria. When Kaiser Ludwig the Bavarian founded the monastery of Ettal in 1330, he gave the new foundation his estates in Ammergau, which originated from this "inheritance". In this way the Abbey of Ettal became the immediate temporal authority for the village, while Rottenbuch looked after ecclesiastical matters. This remained the situation for 500 years until the end of the old Empire and the old order in 1803 and 1806.

### "Only a village"

Hardly one hour's drive from Oberammergau is the town of Marktoberdorf in Swabia, originally a small village which became a market town in 1453 and was made a municipality in 1953. This historical development is clearly reflected in the name of the place. Oberammergau on the other hand remained a village, but the description "village", which indicates a small, modest, rural sort of place, has become more of an honorary title for this community of 5,000 inhabitants which, in spite of its size has gained such renown and is well-known in almost the whole of the Western world. So although Oberammergau is "only a village", it is rather a special one.

The economic significance of the village was limited to serving as a transfer point on the road from Augsburg via Schongau to the south. Making a living was difficult and agriculture had long ago reached its limits.

*Blick auf alte Oberammergauer Häuser an der Dedlerstraße mit dem Turm der Pfarrkirche und dem Kofel.*

*A view of old Oberammergau houses in the Dedler Street, the parish church tower, and the Kofel.*

## Not macht erfinderisch

In dem Reisebericht des Florentiners Francesco Vettori von 1507, einem der ersten, der Oberammergau erwähnt, heißt es, das Dorf sei „ein sehr gesunder und ärmlicher Ort". Das herzhafte, frische Klima im oberen Ammertal galt also schon damals als gesund. Ärmlich aber war das Dorf trotz seiner Lage an einer Handelsstraße, die Einkünfte bot für Wirte, Fuhrleute und Wegmacher; ärmlich war es trotz der Verdienstmöglichkeiten im nahen Ettal; es war arm, weil die landwirtschaftlichen Gründe spärlich und diese wenigen mager waren. Das Dorf liegt zwar malerisch und behütet zwischen den Bergen, es hat gutes Wasser und einen bequemen Zufahrtsweg von Norden her, aber das Flußtal war zu eng für so viele Siedler, Selbstversorgung war nicht möglich. Doch Not macht erfinderisch. Die Menschen suchten eine Nebenbeschäftigung und fanden diese in der Schnitzkunst. Vettori berichtet auch als erster von den kleinen kunstvollen Schnitzereien aus Oberammergau, die er in Ettal und im Dorf selbst zu sehen bekam. Wann diese Fertigkeit ins Dorf gelangte, wer sie dorthin brachte, das weiß niemand mehr zu sagen. Sie hat jedenfalls neue Verdienstmöglichkeiten gebracht und so das Dorf verändert. Später kam noch anderes Kunstgewerbe hinzu, das Formen von Wachsfiguren, Bossieren genannt, und spätestens seit der ersten Hälfte des 18. Jahrhunderts vor allem die Hinterglasmalerei. Lange Zeit fanden die so entstandenen „Ammergauer Taferln" den Weg hinaus in die Welt zusammen mit den geschnitzten Kruzifixen, den Heiligenfiguren, Puppenköpfen, Pferdegespannen, mit Spielzeug aller Art und kleinen nützlichen Geräten. „Not macht erfinderisch".

In einem Reisebericht des gelehrten Botanikers Franz von Paula Schrank aus dem Jahre 1784 heißt es bereits: „Oberammergau ist nur (!) ein Dorf, aber ein schönes Dorf, dessen......Einwohner wohlhabend sind". Nicht, daß alle Not gebannt gewesen wäre, aber „ärmlich", wie 280 Jahre vorher, war Oberammergau damals nicht mehr. Alle Not gebannt? Wie oft kehrte Not ein im Dorf! Hungersnöte plagten die Menschen, Feuer fraß in jedem Jahrhundert einmal die schindelgedeckten Holzhäuser; am schlimmsten aber waren die Seuchen, wie die Pest des Jahres 1633. Damals gelobten die Gemeindevertreter und der Gemeindevorstand, alle zehn Jahre das Leiden und den Tod Jesu Christi zu spielen, wenn das Sterben ein Ende nähme. Tatsächlich hörte die Plage auf, und über 350 Jahre lang, bis auf den heutigen Tag, hat die Gemeinde das Versprechen gehalten. Vom Passionsspiel handelt der erste Teil dieses Bandes. Deshalb hier nur zwei Gedanken zu dem Thema. Es ist bezeichnend für die Oberammergauer, daß sie ein „Spiel" gelobten, kein Kerzenopfer, keine immerwährende Stiftung, sondern etwas Künstlerisches. Das paßt zu den Schnitzern und Malern, auch wenn beim Spiel auch andere Fähigkeiten gefragt sind. Das Zweite: Die Oberammergauer sind durch dieses Gelöbnis reich belohnt worden. Denn nicht die schöne Lage, nicht das gesunde Klima, auch nicht die besten Schnitzereien haben das Dorf berühmt gemacht, sondern dieses Spiel.

## Necessity is the mother of invention

In the account of his travels by the Florentine Francesco Vettori in 1507, one of the first accounts to mention Oberammergau, the village is described as a "very healthy but poor place". So even then the brisk climate of the upper valley of the Ammer was regarded as healthy. However, the village was poor in spite of its situation on a trade route which brought income to innkeepers, carriers and road-makers. It was poor in spite of the opportunities to earn money in nearby Ettal. It was poor because there was not enough land suitable for agriculture and the little there was produced low yields. The village is situated in a picturesque, sheltered position among the mountains, it has good water and an easy road out to the north, but the valley was too narrow for so many settlers and self-support was impossible. However, necessity is the mother of invention. People looked for additional work and found it in the art of woodcarving. The above-mentioned Francesco Vettori is the first to report the elaborate, small carvings from Oberammergau which he saw in Ettal and in the village itself. No one knows when this skill first appeared in the village or who brought it there. In any case it was a new way of earning a living and it changed the village. Later on, people took up other handicrafts such as moulding wax figurines and, since not later than the first half of the 18th century, behind glass painting. Ever since this time the behind glass paintings of "Ammergau", carved crucifixes, figures of saints, dolls' heads, teams of horses, toys of all kinds and small wooden utensils have been taken all over the world. "Necessity is the mother of invention".

In 1784 the scholarly botanist Franz von Paula Schrank wrote about his travels and said, "Oberammergau is only (!) a village, but a beautiful village whose .... inhabitants are prosperous". Not that all distress had been banished, but Oberammergau was no longer as "poor" as it was 280 years previously. All troubles vanished? The village often suffered other forms of hardship such as hunger, and every hundred years or so fire raged among the shingle-roofed wooden houses.

Worst of all were the epidemics, such as the plague of 1633. This was the year when the village representatives vowed to perform the suffering and death of Jesus Christ every 10 years if no more people died. And indeed the plague ceased, and the village has kept its promise for over 350 years, right up to the present day. The whole of the first part of this book deals with the Passion Play so that it is sufficient to mention here just two points. It is characteristic of the people of Oberammergau that they vowed to perform a play, which was something artistic, and not to offer candles or set up an everlasting foundation. This is appropriate for woodcarvers and artists, even if acting requires words and gestures, i. e. skills of a totally different kind. The second point is that the people of Oberammergau have been richly rewarded by the vow because it is the Play, and not the beautiful landscape, the healthy climate or even the best wood carvings which have made the village famous.

Unter den freskengeschmückten Häusern Oberammergaus ist das Pilatus-Haus eines der schönsten. Der „Lüftlmaler" Franz S. Zwink (1748-92) bemalte es spielerisch-illusionistisch mit einer repräsentativen Scheinarchitektur, in die er zwei biblische Szenen hineinstellte: die Auferstehung (Ostseite) und die Ecce-homo-Szene (Südseite). Letztere zeigt die am Gericht über Jesus Beteiligten: Pilatus auf dem Richtstuhl (in orientalischem Gewand), zwei Soldaten, die Jesus vorführen, einige Priester und Gelehrte, also alle – außer dem Volk. Doch es fehlt nicht, denn es ist – nach der Absicht der Bildinszenierung – im jeweiligen Betrachter vertreten. Er hat jetzt zu entscheiden, was er von diesem Jesus hält – Historie wird zur Gegenwart.

The Pilatus House is one of the most beautifully fresco decorated houses in Oberammergau. The "Lüftelmaler" Franz S. Zwink (1748-92) playfully painted upon the walls of the peasent house the illusion of a classical architecture which provides the setting for two biblical scenes: the resurrection (east side) and "Ecce Homo" shown here. It presents the participants in Jesus' trial: Pilate (in oriental costume) on the judgement seat, two soldiers holding Jesus, the priests and scribes, everyone except the crowd. But it is there. As intended by the artist – each one who views the fresco becomes a member of the crowd and has to decide what he thinks of this Jesus – history becomes the present.

Die kostbarste der historischen Weihnachtskrippen des Heimatmuseums wurde 1780-1800 gemeinsam von den Schnitzern des Ortes für die Pfarrkirche gefertigt. Wer in der Phantasie mit den Königen oder den Hirten mitgeht, vergegenwärtigt - wie im Passionsspiel - die Heilsgeschichte.

Zur Förderung der Schnitzkunst gab es in Oberammergau ab 1802 gemeindlichen Zeichenunterricht, ab 1856 eine Zeichen- und Modellierschule, ab 1877 Schnitzkurse. Heute bildet die Staatliche Berufsfachschule in dem schönen Gebäude Franz Zells (1909) junge Holzbildhauer aus.

The most splendid of the antique Nativity Scenes collected in the local history museum was done jointly by the local woodcarvers for the parish church (1780-1800). The viewer accompanying the Kings or the shephards approaches the salvation history - as in the Passion Play.

To promote the art of woodcarving, Oberammergau supported by 1802 drawing lessons, established in 1856 a school for drawing and sculpture and in 1877 courses in woodcarving. Today the State Technical School trains woodsculptures in the handsome building designed by F. Zell (1909).

## „Ein schönes Dorf"

Dieses Lob des gelehrten und weitgereisten Franz von Paula Schrank aus dem Jahre 1784 gilt noch immer. Warum aber ist Oberammergau ein schönes Dorf? Nicht allein wegen seiner einzigartigen Lage im Gebirge, nicht allein wegen seiner gepflegten Anlagen oder der vielen malerischen Hausgärten, auch nicht wegen des reichen Blumenschmucks an den Häusern im Sommer - alles das gibt es auch in anderen Dörfern des bayerischen Oberlandes. Was Oberammergaus Schönheit ausmacht, ist sein Reichtum an kunstvollen alten Häusern aus dem 18. und 19. Jahrhundert und aus dem Beginn des zwanzigsten. Daß verhältnismäßig viel an alter Bausubstanz erhalten blieb, verdankt das Dorf auch dem Glücksfall einer Art Denkmalspflege, die von dem Münchner Architekten Franz Zell durchgesetzt wurde. Franz Zell, der Architekt von Schnitzschulgebäude und Museum, half viele alte Bausünden verbessern und neue vermeiden. Übrigens gibt es schon zwei Generationen früher Nachrichten von einer bewußten Bauweise in Oberammergau: Pfarrer Daisenberger berichtet in der Dorfchronik vom sogenannten „Sonnenbau" nach dem Brand von 1844, das heißt, alle Wohnhäuser wurden einzeln stehend und von einem freien Platz umgeben wieder aufgebaut.

Ein charakteristischer Schmuck des alpenländischen Hauses sind die Lüftlmalereien in Form von Umrahmungen gewisser Architekturteile oder von Medaillons auf den großen Wandflächen. Aber zur Schönheit dieser Häuser trägt auch ihre Form bei, die spezifische Dachschräge, die schön gestalteten Kreuzstöcke der Fenster und der kunstvolle Zierbund im Giebel der Schauseite. All dies findet sich heute noch an vielen Häusern des Dorfes und erhöht seinen Reiz.

## Die Pfarrkirche St. Peter und Paul

Die Mitte des Dorfes, nicht nur optisch oder geographisch, ist die Pfarrkirche St. Peter und Paul, von 1736 bis 1741 errichtet, nachdem die gotische Kirche einzufallen drohte. Die Kirche ist ein mächtiger und doch gefälliger Bau, großzügig und vornehm. Dabei zählte die Gemeinde damals kaum 900 Einwohner! Als Architekt gewann das Kloster Rottenbuch den tüchtigen Joseph Schmuzer aus Wessobrunn, der viele Kirchen in der näheren und weiteren Umgebung errichtet hat: St. Anton in Partenkirchen, die Pfarrkirchen von Mittenwald und Garmisch, die Gotteshäuser und Klosteranlagen in Ettal, Rottenbuch und Schongau. Für Oberammergau finanzierten Rottenbuch und Ettal den Rohbau, zunächst ohne merkliche Hilfe der Gemeinde. Bei der Ausstattung der Kirche erwiesen sich die Oberammergauer dann umso großzügiger. Einzelne Familien übernahmen die Kosten von Figuren, von Teilen der Pflasterung, von Bildern, ja von ganzen Altären. Matthäus Günther wurden die Fresken zugeschlagen, Joseph Schmuzer sorgte zusammen mit seinem Sohn Franz für die Stuckierung, der angesehene Weilheimer Bildhauer Franz Xaver Schmädl wurde mit der Ausarbeitung der Altäre und des gesamten Figuren-

## "A beautiful village"

This praise by the widely travelled and learned Franz von Paula Schrank in 1784 is true to this day. But why is Oberammergau a beautiful village? Not only because of its unique situation in the mountains, not only because of its well-kept public gardens and walks or the many picturesque gardens of houses, nor because of the profusion of flowers adorning the houses in summer. All of these things can be found in other villages as well in Upper Bavaria. What makes Oberammergau especially beautiful is the large number of ornate houses dating from the 18th and 19th centuries and the beginning of the 20th. The fact that a relatively large proportion of old buildings has been preserved is thanks to a stroke of luck in the form of a sort of building preservation scheme which was brought about by the Munich architect Franz Zell. He was the architect of the Woodcarving School and the Museum, and he helped to improve earlier architectural mistakes and to avoid new ones. Incidentally, there is mention two generations earlier of a deliberate method of building in Oberammergau. In the village chronicle the parish priest Daisenberger describes the so-called "Sonnenbau" after the fire of 1844. When the houses were rebuilt they were all detached, each being surrounded by an open space.

In Alpine regions houses are characteristically decorated with so-called "Lüftl" paintings which frame certain architectural elements or take the form of medallions on large wall surfaces. However, the shape is also part of the beauty of these houses, as well as the specific slope of the roof, the beautifully fashioned window frames and the elaborately decorated beams in the front gable. All these things can still be seen on many houses in the village and they all enhance its charm.

## Parish church of St. Peter and St. Paul

The church of St. Peter and St. Paul, built 1736 - 41 after the Gothic church was about to collapse, is both the visual and geographic centre of the village. The church is a powerful but attractive building, spacious and noble. At the time it was built there were only 900 inhabitants in the village. The architect employed by the monastic authorities of Rottenbuch was the capable Joseph Schmuzer of Wessobrunn, who had built many churches and monasteries in the immediate locality and further afield: St. Anton in Partenkirchen, the parish churches of Mittenwald and Garmisch, monastic buildings and churches in Ettal, Rottenbuch and Schongau. The basic structure of the Oberammergau church was financed by Rottenbuch and Ettal, at first without noticeable help from the village. However, the people of Oberammergau were all the more generous in decorating and furnishing the church. Individual families paid the cost of sculptures stone flooring paintings and complete altars. Matthäus Günther was commissioned to paint the frescoes, Joseph Schmuzer and his son Franz carried out the stucco work, and the highly regarded sculptor Franz Xaver Schmädl of Weilheim was commissioned to design the altars and all the

*Blick im Winter von der Dorfstraße aus vorbei am Gasthof „Zum Stern" mit seinem schönen Erker (links) auf die Pfarrkirche (um 1950)*

*The Dorfstraße in Winter. Left the inn "Zum Stern" with its delightful bay window and the parish church in the background (around 1950)*

schmucks beauftragt. Heute noch, nach 250 Jahren, überrascht diese Dorfkirche den Besucher durch ihre Weite und Vornehmheit, durch ihr theologisches Programm, das auch hier in echt barocker Weise das Ganze zu einer gedanklichen Einheit verschmilzt. Keine Einzelheit, die nicht durchdacht und bis ins Letzte geformt wäre. So gehört Oberammergaus Gotteshaus zu den Sehenswürdigkeiten des an schönen Kirchen wahrlich nicht armen Pfaffenwinkels, und es zeugt vom religiösen Sinn seiner Bewohner, von ihrem Kunstverstand und ihrer Generosität.

## Die evangelisch - lutherische Kreuzkirche

Das evangelisch-lutherische Kirchlein ist Ende der zwanziger Jahre dieses Jahrhunderts aus einem Wohnhaus entstanden, einfach in seiner Ausstattung, aber würdig und einladend für die inzwischen durch Zuzug stark angewachsene Gemeinde und die vielen protestantischen Gäste aus dem In- und Ausland.

## Von allerlei Künsten im Dorf

In Oberammergau fallen die vielen bemalten Häuser auf. Man nennt diese Kunst, wie schon erwähnt, „Lüftlmalerei", ein Wort, das vielleicht zusammenhängt mit „lüftig" in der Bedeutung von rasch, oder mit „Luft", weil im Freien gemalt. Diese so geschmückten Häuser bereichern das Ortsbild ungemein, heitern es auf und erfreuen das betrachtende Gemüt. Kunstverstand, Freude am Bildhaften allein genügen jedoch nicht für solchen Häuserschmuck; er setzt auch einen gewissen Wohlstand voraus, der - wie wir gesehen haben - tatsächlich gegeben war. In der zweiten Hälfte des 18. Jahrhunderts war es Franz Seraph Zwinck (1748 - 1792), ein Sohn Oberammergaus, der so viele Häuser mit solchen Fresken zierte, daß ihn sein Biograph den „Dekorateur seines Heimatortes" genannt hat. Das in jüngster Zeit vorzüglich renovierte Pilatushaus ist eines der schönsten Beispiele von Zwincks dekorativer Kunst. Viele Häuser in Oberammergau wurden auf diese Weise geschmückt, ihr Aussehen durch die Malerei veredelt, ihre Architektur gehoben. Zu Beginn dieses Jahrhunderts und noch einmal in den letzten Jahrzehnten blühte die Fassadenmalerei in Oberammergau neu auf, und zwar mit sehr erfreulichen, zum Teil sogar meisterhaften Arbeiten.

Es ist unübersehbar, welch große Rolle im Dorf die Künste spielen, die Literatur, wenn auch in erster Linie im Dienste der Passion, dann die Musik, die natürlich seit alters auch den Passionsspielen zu dienen hatte. Die größte musikalische Begabung des Dorfes war Rochus Dedler (1779-1822), der Messen und Kantaten komponierte, Hymnen und Lieder, vor allem aber die heute noch gespielte Passionsmusik. Es gibt im Dorf die Blaskapelle, früher „türkische Musik" genannt, daneben ein Orchester für die Kirchen- und Passionsmusik, den Liederkranz und den Musikverein; aus Berichten von Passionsbesuchern im 19. Jahrhundert wissen wir, wie hochstehend damals schon die Hausmusik war. Zentrum der musischen

decorative figures. Even today, after 250 years, this village church still surprises visitors with its noble spaciousness and its theological scheme which, in the genuinely baroque manner, blends the whole into a unity of concept. Every single element has been thought out and shaped down to the last detail. The church of Oberammergau is one of the examples of the many fine churches in the foothills of the Bavarian Alps and it is proof of the religious feeling of the people, their appreciation of art and their generosity.

## The evangelical-lutheran Kreuzkirche

The small evangelical-lutheran church was converted from a house at the end of the 1920s. The furnishings are simple, but the church is dignified and inviting for the many Protestant visitors from Germany and abroad and the large number of resident Protestants who have moved to the community.

## Of arts in the village

Many of the houses in Oberammergau are covered with paintings. As already mentioned, this is called "Lüftl" painting, a term which may be connected with "lüftig" meaning "fast" or with "Luft" meaning "air" because the painting was done in the open air. These painted houses enhance the appearance of the village enormously, they brighten it up and are a constant source of delight. However, appreciation of art and pleasure in the visual are not on their own sufficient for decoration on this scale. It also presupposes a degree of prosperity which, as we have seen, actually existed. In the second half of the 18th century Franz Seraph Zwinck (1748 -- 92), a son of Oberammergau, painted so many houses with frescoes that his biographer called him the "decorator of his home village". The Pilatushaus, which has recently been superbly renovated, is one of the finest examples of Zwinck's art. Many houses in Oberammergau were adorned in this way, their appearance enriched and the effect of their architecture brought out by the paintings. At the beginning of this century and also in recent decades wall-painting flourished again in Oberammergau and has produced some very enjoyable and, in some cases, masterly works.

It is impossible to overlook the importance of the arts of literature and music in the village, although literature primarily serves the Passion Play. Since very early times music has of course also served the Play. The greatest musical talent in the village was Rochus Dedler (1779 - 1822) who composed masses and cantatas, hymns and songs, and above all the Passion Music which is still played today. The village has a brass band, which used to be called "the Turkish Music", as well as an orchestra for church music and the Passion Play music, a choral society and a music society. We know from reports by English visitors to the Passion Play in the 19th century that amateur musicians reached a high standard even then. Of course, the theatre is the centre of artistic activity in Oberammergau, but

Die Oberammergauer Pfarrkirche St. Peter und Paul. An ihrer Gestaltung waren hervorragende Künstler des bayerisch-schwäbischen Rokokos beteiligt: der Baumeister Joseph Schmuzer (Wessobrunn), der Maler Matthäus Günther (Augsburg) und der Bildhauer Franz Xaver Schmädl (Weilheim). Es entstand ein glanzvolles Gotteshaus, ein festlicher Rahmen für die Eucharistie und die Feste des Kirchenjahres, ein Raum der Andacht und der Glaubensvermittlung in Bildern und Symbolen. Immer wieder stehen den Darstellungen des Leidens und der Bedrängnis Bilder ihrer Überwindung im Zeichen des Kreuzes gegenüber wie z.B. im Kuppelfresko, wo Martyrium und Glorie der Kirchenpatrone gezeigt werden.

Oberammergau's Parish Church of Sts. Peter and Paul. Outstanding artists of the Bavarian-Swabien Rococo took part in its creation: the architect J. Schmutzer (Wessobrunn); the painter M. Günther (Augsburg); and the sculpter F.X. Schmädel (Weilheim). A magnificent house of God was created, a festive atmosphere in which to celebrate the Eucharist throughout the liturgical year; a sacred space for devotion and the conveying of faith through pictures and symbols. Several presentations show suffering and afflication and their surmounting through the salvation of the cross, such as the martyrdom and glory of the church patrons depicted in the cupola.

Beschäftigungen in Oberammergau ist freilich das Theater, und dies nicht nur deshalb, weil das Spiel auf den Brettern den Alpenbewohnern ohnehin viel bedeutet, sondern weil es hier notwendige Übung für die alle zehn Jahre wiederkehrende Passion ist. Doch damit ist die Pflege der Künste, ist das kulturelle Leben im Dorf nicht erschöpft. Oberammergau besitzt ein reiches Museum mit der großen Weihnachtskrippe, die früher in der Kirche aufgestellt war, mit einer umfangreichen, ja einzigartigen Sammlung von Hinterglasbildern, nicht nur aus der eigenen Produktion (s. oben), mit Ammergauer Schnitzereien und Volkskunst der besten Art. Da ist ferner das Pilatushaus als Zeuge der Wohnkultur im 18. Jahrhundert mit seiner qualitätvollen Fassadenmalerei und den „Lebenden Werkstätten", da lädt die Kirche ein zum gründlichen Betrachten, zu Stille und Besinnung.

Ausdruck des kulturellen Lebens im Dorf ist ferner das Brauchtum, übers ganze Jahr verteilt, mit den kirchlichen Festen als Höhepunkte, dem König Ludwig-Feuer am 24. August, dem Vorabend des Geburts- und Namenstages von König Ludwig II., dem die Gemeinde für sein Wohlwollen und seine Zuneigung dankt, oder dem großen Sternrundgang am letzten Tag des Jahres als Ausblick auf das neue Jahr unter dem Zeichen und unter dem sicheren Geleit des Heilandes. - Nichts davon ist bloße Routine, nichts bloße Schau für die Touristen, alles gehört noch zum Lebensrhythmus des Dorfes.

## Sport und Natur

Rund um Oberammergau lockt eine vielgestaltige, abwechslungsreiche Landschaft von hohem Reiz, locken die Moore und Weiden mit ihrer kostbaren Flora, locken die Berge und das Tal der Ammer mit ihren Naturschönheiten. Doch Wanderungen und Radtouren sind nicht die einzigen Sportarten, die Oberammergau dem Gast und dem Einheimischen bietet. Das großzügig angelegte Schwimmbad „Der WellenBerg" macht Sport und Erholung im Wasser möglich, das Labergebirge gilt als Eldorado für Drachenflieger, im Winter sorgen Lifte, Pisten und Loipen für die Bedürfnisse der Skifahrer. Ein neuer, großzügiger Sportplatz bietet beste Voraussetzungen für viele Formen der Leichtathletik, und die überdachte Tennis- und Squash-Anlage macht die Ausübung dieser beliebten Sportarten von jeder Witterung unabhängig.

## Die Oberammergauer

Wie aber sind die Menschen, die in Oberammergau leben, die das Dorf zu dem gemacht haben, was es heute ist?

Alois Daisenberger, der langjährige Pfarrer Oberammergaus im 19. Jahrhundert, auf den die heute gültige Textfassung des Passionsspieles zurückgeht, versucht eine Charakteristik seiner „Schäflein". Er beschreibt ihre Sprache, die altbayerische, schwäbische und tirolerische Elemente vereinigt. Er leitet ihre Geradheit und Freimütigkeit von

this is not only because acting means a lot to mountain-dwellers, but also because in this case it provides the necessary practice for the Passion Play which recurs every ten years. There is yet another facet to the cultural life of the village. Oberammergau possesses a richly endowed museum with the large Christmas Creche which used to stand in the church, an extensive and, indeed, unique collection of behind glass paintings not all of which are from Oberammergau itself, as well as Ammergau wood carvings and folk art of the best kind. In addition the Pilatushaus bears witness to the domestic decoration of the 18th century, with its fine wall-paintings and the "living workshops", while the church itself deserves close examination and invites passers-by to quiet meditation.

Customs and traditions are another expression of the cultural life of the village. They are spread over the whole year, with the church festivals as the high points and King Ludwig's mountain bonfires on 24 August, which is the eve of the birthday and name day of King Ludwig II, to whom the community will always be grateful for his goodwill and his attachement to the village. The "Starlight Walk" is on the last day of the year, when people look forward to the New Year under the sign and with the sure guidance of the Saviour. None of these is merely a matter of routine, none of them is just a show for tourists, all of them are part of the annual rhythm of the life of the village.

## Sport and nature

The countryside around Oberammergau is very attractive and of diverse types. There are moorlands and pastures, with their precious plant life, and the natural beauties of the mountains and the valley of the Ammer. Walking and cycle tours are not the only kinds of recreation which Oberammergau offers visitors and natives. Swimming and water sports can be enjoyed in the spacious swimming centre "Der WellenBerg", the Laber Mountains are ideal for Hang gliders and in the winter there are lifts, trails and cross-country courses for skiers. There is a large new sports complex with excellent facilities for track and field athletics, while the covered tennis and squash courts enable these favourite games to be played irrespective of the weather.

## The Oberammergauers

But what are the people like who live in Oberammergau and who have made the village what it is today?

Alois Daisenberger, who was the parish priest of Oberammergau for many years in the 19th century and who is responsible for the version of the text of the Passion Play which is used today, has tried to characterise his "flock". He describes their language, which unites Bavarian, Swabian and Tirolean elements. He derives their straightforwardness and openess from Bavarian influences, their wit and intelligence from the Tirolean influences and their cheerful disposition and liveliness from the Swabian in-

Die ausdrucksstarke und fast modern wirkende „Ecce homo"-Darstellung aus dem 18. Jh. gehört zur Hinterglasbilder-Sammlung des Oberammergauer Heimatmuseums (ca. 1000 Bilder). Sie enthält vor allem Arbeiten aus oberbayerischen Zentren dieser Volkskunst (Murnauer Raum, Oberammergau) und stellt die größte Sammlung von Hinterglasmalerei als einem geschlossenen Gebiet dar. In Oberammergau blühte diese Kunst von Mitte des 18. bis Mitte des 19. Jh. Die „Taferln" – mit ihrer vorwiegend religiösen Thematik Andachtgegenstand und Hausschmuck zugleich – wurden in großer Anzahl in einer Art „Hausindustrie" hergestellt, bei der die ganze Familie zusammenhalf.

This 18th cent. representation of the "Ecce homo", expressive and almost modern, is part of the behind-glass painting collection in the local history museum. Most of the pictures (about 1000) were made in upper Bavaria. The museum represents the largest collection of this region (especially of Oberammergau and Murnau) where this folk art flourished from the middle of th 18th to the middle of the 19th cent. The "Taferln", as the pictures were called, were predominantly religious in theme, they functioned as objects for devotion and house decoration. Most were produced as a cottage industry involving a whole family.

*Blick auf Oberammergau vom „Wies-mahd" aus. Ganz rechts das Passionsthea-ter, im Zentrum die Pfarrkirche, links – das größere Gebäude – die Schnitzschu-le.*

*Die Photographie verdeutlicht die Tallage Oberammergaus. Im Süden erheben sich die schroffen Felsformationen des Ammer-gebirges. Auf der Nordseite, von der man hier auf den Ort blickt, erstreckt sich der Aufackerzug mit seinen sanftgeschwunge-nen mittelgebirgsähnlichen Hügelformen, die der Zuschauer des Passiosspiels als na-türliche Kulisse im Hintergrund der Frei-lichtbühne wahrnimmt.*

*Der Standort der Photographie trägt den Namen „Wiesmahd", weil man hier, hin-auf bis zu einer Höhe von über tausend Metern, nach vorheriger Rodung des Wal-des die Wiesen bewirtschaftete und das Gras mähte. In so mühseliger Arbeit mußte man das Futter für das Vieh ernten, das die Böden des Tales nicht in genügen-der Menge hergaben.*

*Die solcherweise kultivierte Landschaft ist also Folge und Ausdruck der ursprüngli-chen harten Lebensbedingungen. Wie häufig in der menschlichen Geschichte be-wies sich aber auch hier, daß eine Mangel-situation zum Ausgangspunkt einer schöp-ferischen Entwicklung werden kann. Weil die Natur nicht die Lebensgrundlagen be-reitstellte, wandten sich die Oberammer-gauer dem Kunsthandwerk zu.*

*Neue Aufgaben erschlossen sich wieder, als Reisende die Schönheit dieser Landschaft und Erholungsuchende die gesundheitli-che Zuträglichkeit der Gebirgsnatur ent-deckten. Diese machen – zusammen mit den Kunstschätzen des Ortes und der Um-gebung – Oberammergau auch heute zu einem Ort, an dem man sich regenerieren und neue Anregungen finden kann.*

View of Oberammergau from the "Wiesmahd". At the far right is the Passion Play theater, in the center the parish church and the larger building on the left is the woodcarving school.

The photo illustrates the character of the valley: To the south the rugged Ammer Mountain Range; in the north, from where the picture is taken, the Aufacker Range with its gently undulating highland hill forms. These the Passion Play visitor can see as a natural backdrop to the open air theater.

The location from which the picture was taken is called "Wiesmahd". From here on up to more than 1000 meters, the forest was cleared for meadows ("Wies") to be mowed ("-mahd"). Only through such arduous work would enough hay for cattle be produced. The valley floor could not fill this need.

The cultivated landscape is both a consequence and an expression of the original harsh conditions for survival. As so often in the history of humanity, here too the scarce resources acted as a stimulus for creative development. Nature could not provide the necessities for life, so villagers turned to handcrafts.

As the traveler discovered the beauty of the landscape and those looking for rest found a healthy mountain environment, new employment opportunities emerged. With the art treasures of the village, its natural beauty, Oberammergau is a place where one can seek renewal and find inspiration.

den baierischen, ihren Witz und ihre Klugheit von den tirolerischen, ihren heiteren Sinn und ihre Lebhaftigkeit von den schwäbischen Einflüssen her. Daisenberger erfährt seine Pfarrkinder als gelehrig und anstellig, als fleißig und als Freunde der Musik und des Theaters, als für alles Schöne und Gute empfänglich, aber auch als „störrisch und sehr empfindlich" - allerdings nur bei „übler Behandlung". Daisenberger ist klug genug, mit negativen Aussagen Zurückhaltung zu üben. Zweifellos rechtfertigt vieles im Dorf seine positiven Beobachtungen. Letztlich sind es wohl Ideale, die Daisenberger aufzeigt, und dazu gehört auch, daß das heilige Spiel, das im Leben eines Oberammergauers eine so hervorragende Stelle einnimmt, sein Leben beeinflusse, seinen Wandel bessere, seine Frömmigkeit vertiefe. Wieweit solch hochgesteckte Ziele erreicht werden, wer wollte darüber ein Urteil fällen?

Das Besondere an Oberammergau entstand aus einem Zusammenspiel vieler Faktoren, es ist nicht so sehr die Leistung einiger weniger Persönlichkeiten. Und doch ist die Geschichte Oberammergaus unverhältnismäßig reich an großen Gestalten: Franz Seraph Zwinck, der Lüftlmaler, müßte hier genannt werden und Rochus Dedler, der Komponist und Lehrer; auch Alois Daisenberger, der Pfarrer des Dorfes und Reformer des Passionstextes, gehört zu diesen Persönlichkeiten und Ludwig Thoma, der in Oberammergau geborene Dichter; tüchtige Verleger aus dem 18. und 19. Jahrhundert wären aufzuzählen, Männer von Unternehmungsgeist und sozialem Engagement und große, weithin berühmte Schauspieler und Spielleiter. Die Zeiten ändern sich, bringen neue Chancen und andere Gefahren. Wer wünschte nicht, daß die Oberammergauer die Herausforderungen sehen und bestehen und uns ihr Oberammergau erhalten.

fluences. Daisenberger sees his parishioners as clever, quick to learn and industrious, he considers them to be lovers of music and theatre, receptive to everything that is good and beautiful, but also as "stubborn and very sensitive", but only if "ill-treated". Daisenberger is intelligent enough to be sparing with negative judgments. Certainly there are many things in the village which justify his positive observations. After all, what he describes are ideals and one of these is that the holy Play, which has such a prominent position in the life of every inhabitant of Oberammergau, should influences his life, improve his way of life and deepen his piety. Who would wish to judge how far such high aims are achieved?

What is special about Oberammergau is the result of the interplay of many factors, and not so much the achievement of just a few individuals. And yet the history of Oberammergau is disproportionately rich in outstanding figures: Franz Seraph Zwinck, the painter, should be mentioned here together with Rochus Dedler, the composer and teacher. Alois Daisenberger, the village pastor and reformer of the text of the Play is another of these individuals, together with Ludwig Thoma, the poet who was born in Oberammergau. There would also be the names of efficient 18th and 19th century distributers, men with social commitment and a spirit of enterprise, as well as well-known actors and play directors. Times change, creating new opportunities and bringing different risks. Let us all wish that the people of Oberammergau see and overcome the challenges and that their Oberammergau is preserved for us.

Hans Pörnbacher

Dem interessierten Leser empfehlen wir:

Joseph Alois Daisenberger: Geschichte des Dorfes Oberammergau. In: Oberbayer. Archiv für vaterländische Geschichte Bd. 20. München 1859–1861 (Nachdruck Oberammergau 1988).

Oberammergau. Das Herz des Ammertales – das Land von Rottenbuch bis Linderhof. Ein Bildband von A. Buchwieser/V. Fenzl/F. Grawe. München 1988.

Die Pfarrkirche von Oberammergau. (Schnell Kunstführer Nr. 21), München 1990.

Further reading:

Joseph Alois Daisenberger: Geschichte des Dorfes Oberammergau. In: Oberbayer. Archiv für vaterländische Geschichte Bd. 20. München 1859–1861 (Nachdruck Oberammergau 1988).

„Oberammergau, Das Herz des Ammertals – das Land von Rottenbuch bis Linderhof". A picture book by A. Buchwieser/V. Fenzl/F. Grawe. Munich 1988.

The Parish Church in Oberammergau. Munich 1990. (Schnell Kunstführer Nr. 21, English editions).

Brauchtum wird in Oberammergau in vielfältiger Form lebendig erhalten: im Zusammenhang mit den Kirchenfesten, aber auch z.B. in der Form einer Erinnerungsfeier für Ludwig II. Zum Jahreswechsel ziehen die Oberammergauer mit dem „großen" Stern durch den Ort und besingen in traditionellen Liedern das neue Jahr. Kindergruppen mit einem „kleinen" Stern bringen die musikalischen Neujahrswünsche von Haus zu Haus,. z.B. mit dem Lied:
„Ein Stern ist aufgegegangen
Aus Jakob hell und klar,
Am Himmel hoch zu prangen,
Er leuchtet so wunderbar.
Seht seine Strahlen funkeln,
Sie leuchten weit im Dunkeln!
Er hat die ganze Welt
Mit seinem Licht erhellt.
Geh milde uns zur Seite,
Mit deinem Licht begleite
Der Erde Pilgerschar
Durchs kommende neue Jahr."

Many customs live on in varied forms; for the Holy Days, but also, for example, the feast day in honor of King Ludwig II. On New Year's eve the Oberammergauers march through the village with a big illumined star and welcome the new year with traditional songs. Groups of children with a little star go from house to house singing New Year's wishes like this song:
"A star has risen
From Jacob bright and clear,
In the high heavens it sparkles,
It shines so beautifully.
Look at its glittering rays,
They penetrate the darkness.
It has illuminated
the whole world with its light.
Gently guide us along,
With your light to accompany
this earthly throng of pilgrims
through the coming New Year."

*Auch die Fassade des Kölbl-Hauses mit dem Motiv des Gnadenstuhls (Ettaler Straße 10) wurde von Franz Seraph Zwink gestaltet. Fresken wie dieses erinnern auch im Alltagsleben an das Mysterium der Passion: „So sehr hat Gott die Welt geliebt, daß er seinen einzigen Sohn dahingab, damit jeder, der an ihn glaubt, nicht zugrundegehe, sondern unendliches Leben habe."* (Joh 3,16)

*The Kölbl House (Ettaler Str. 10) was decorated by Franz S. Zwink with the motif of the "Gnadenstuhl" (God offers His Son). So even in the midst of everyday life one is reminded of the mystery of the passion; "God so loved the world that he gave his only Son, that whoever believes in him may not die, but may have eternal life."* (Jn 3,16)

**Impressum**

Offizieller Bildband „Das Passionsspiel der Gemeinde Oberammergau 1990"

Konzeption des Bildbandes:
Passionsspielkomitee
Christian Stückl
Otto Huber
Thomas Klinger

Spielleiter: Christian Stückl

Bühnenbild: Georg Johann Lang (1889-1968, Spielleiter von 1922-1960; Entwürfe zu den Passionsspielen 1930)

Photographiert von Thomas Klinger

Texte
Otto Huber: Die Erlösung spielen, Chronologische Übersicht
Hermann Müller: Lebende Bilder
Prof. Hans Pörnbacher: Das Dorf an der Ammer

Textredaktion und Bildunterschriften:
Otto Huber

Übersetzungen ins Englische:
Translingua Frankfurt
Prof. Gottfried Lang PhD
Martha Lang PhB

Umschlaggestaltung und Layout:
Lorenz Meyboden & Thomas Klinger

Lithographie: Graphische Betriebe Zerreiss GmbH, Nürnberg

Satz und Druck:
Druckhaus Oberammergau GmbH
Schrift Garamond

Buchbindearbeit: R. Oldenbourg, Graphische Betriebe GmbH, München

1. Auflage 80 000
© 1990 im Eigenverlag der Gemeinde Oberammergau (Gemeindliche Fremdenverkehrseinrichtungen)
Printed in Germany
Alle Rechte vorbehalten

Bildnachweis:

Alle Photographien incl. Titelbild von Thomas Klinger

mit folgenden Ausnahmen:
Kreuzabnahme Passionsspiel 1900 (S. 7) von Leo Schweyer, Stuttgart; Eherne Schlange Passionsspiel 1870 (S. 11) von Hofphotograph Josef Albert; Dedlerstraße mit Blick auf den Kofel (S. 113) von Vitus Fenzl; Krippenfiguren „Die Heiligen Drei Könige" (S.116), Dorfstraße 1950 (S. 126), Sternsinger 1960 (S. 125) von Hans Kronburger; Blick auf Oberammergau (S. 124/5) von Ewald Haag.